LA TEOLOGIA DE LA LIBERACION
Una Guía Introductoria

LA TEOLOGIA DE LA LIBERACION
Una Guía Introductoria

Roberto Compton

Casa Bautista de Publicaciones

CASA BAUTISTA DE PUBLICACIONES
Apartado 4255, El Paso, Tx. 79914 EE.UU. de A.

Agencias de Distribución

ARGENTINA:
Rivadavia 3464, 1203 Buenos Aires
BELICE:
Box 952, Belice
BRASIL:
Rua Silva Vale 781, Río de Janeiro
BOLIVIA:
Cajón 736, Cochabamba
Casilla 2516, Santa Cruz
COLOMBIA:
Apartado Aéreo 55294, Bogotá 2 D. F.
COSTA RICA:
Apartado 285, San Pedro
CHILE:
Casilla 1253, Santiago
ECUADOR:
Casilla 3236, Guayaquil
EL SALVADOR:
10 Calle Pte. 124, San Salvador
ESPAÑA:
Arimón 22, Barcelona 22
ESTADOS UNIDOS:
Broadman: 127 Ninth Ave.,
Nashville, Tenn., 37234
GUATEMALA:
12 Calle 9-54, Zona 1, Guatemala
HONDURAS:
4 Calle 9 Avenida, Tegucigalpa
MEXICO:
José Rivera No. 148
Col. Moctezuma 1ª Sección
15500, México, D. F.
NICARAGUA:
Apartado 5776, Managua
PANAMA:
Apartado 5363, Panamá 5
PARAGUAY:
Pettirossi 595, Asunción
PERU:
Apartado 3177, Lima
REPUBLICA DOMINICANA:
Apartado 880, Santo Domingo
URUGUAY:
Casilla 14052, Montevideo
VENEZUELA:
Apartado 152, Valencia 2001-A

© Copyright 1984. Casa Bautista de Publicaciones. Prohibida su reproducción parcial o total. Todos los derechos reservados.

Primera edición: 1984

Clasifíquese: Doctrina y Teología

ISBN: 0-311-09106-7
C.B.P. Art. No. 09106

5 M 6 84

Printed in U.S.A. 4815-48

Dedicatoria

Dedicado a los que
buscan la Verdad
porque la Verdad les
hará libres de veras.

Indice

Introducción 7
Prefacio 11

Primera parte:
UN ESTUDIO SOBRE EL DESARROLLO Y METODOLOGIA DE LA TEOLOGIA DE LA LIBERACION

1. La definición 19
2. Los precedentes del movimiento 27
3. La historia del movimiento 34
4. Las bases de la teología de la liberación 39
5. El papel de la Biblia y la hermenéutica 44
6. La hermenéutica aplicada 51

Segunda parte:
UN ESTUDIO SISTEMATICO DE LA TEOLOGIA DE LA LIBERACION

7. Dios y la revelación 61
8. El hombre 66
9. El pecado 69
10. La salvación 72
11. La cristología 76
12. La iglesia 79
13. La vida cristiana 84
14. La escatología 88

Tercera parte:
CONCLUSIONES

15. Una crítica de la teología de la liberación 93
Bibliografía 101

Introducción

La teología de la liberación es sin duda una de las cuestiones más debatidas hoy en América Latina y escribir un libro introductorio a dicha forma de pensamiento teológico es una ardua tarea que exige muchas cosas.

Primera, tener la formación intelectual necesaria para saber lo que está pasando y entender correctamente lo que se dice y por qué se dice. Segunda, hay que estar bien identificado con el medio donde se produce esa forma propia y singular de reflexión teológica; hay que conocer la tierra y sus circunstancias, hacerse carne con sus gentes e identificarse con sus sueños y necesidades. Como bien decían los aborígenes norteamericanos, "No comprendemos a los demás mientras no caminamos un poco de tiempo en sus mocasines." Tercera, hay que poseer un grado suficiente de equilibrio y objetividad para poder presentar lo que se dice y por qué se dice sin desfigurarlo a cada paso con nuestras interpretaciones y comentarios; riesgo éste muy potencial y cierto cuando el que escribe procede originalmente de un contexto cultural distinto. Y por último, los demás, que sí son de la tierra, deben reconocer en el que habla las cualidades anteriormente citadas a fin de que estén dispuestos a escucharle; de otro modo, nadie le prestaría atención.

Estas condiciones están presentes en Roberto Compton. Sus muchos años de residencia en América Latina, en Colombia y Costa Rica principalmente, donde ha estado siempre envuelto en tareas docentes (ante todo en su especialidad como profesor de Historia de la Iglesia y también en el área de la Teología propiamente dicha) y en el ministerio pastoral. Sin olvidarnos de que su apellido, que nos habla de un origen anglo, es un mero accidente circunstancial, pues su corazón está en América Latina y su vocación de servicio le lleva a identificarse plenamente con las necesidades y aspiraciones de los pueblos de habla hispana. De manera que el autor del presente trabajo es alguien con los títulos necesarios para emprender una tarea como la que tenemos en las manos y realizarla con la objetividad, la altura y la dignidad convenientes.

Por otra parte está la casa editora, empresa evangélica de gran prestigio y larga hoja de servicios entre los pueblos de habla castellana, siempre a la vanguardia de las aportaciones significativas para el progreso espiritual y humano de las naciones hispanas. La publicación de un trabajo como este la puede llevar a caer bajo el fuego cruzado de los defensores a ultranza de los sistemas e interpretaciones tradicionales y de los celosos abogados de la teología de la liberación. Para unos puede aparecer como patrocinadora de formas de pensamiento que se apartan de lo conocido y aceptado. Para otros puede parecer que se queda muy corta en su espíritu de vanguardia en lo que toca a los temas referidos.

Me consta que la posición de los editores no es ni una ni otra. Es la de aportar materiales adecuados para la buena información y formación del pueblo cristiano en particular y de todos en general. Este trabajo es una aportación positiva que arroja luz esclarecedora sobre lo que es y no es la teología de la liberación. Es una apelación sensata al conocimiento, el examen y la reflexión, siguiendo el consejo apostólico de "examinadlo todo, retened lo bueno". Roberto Compton nos introduce acertadamente en un área en la que, como tantas veces ha ocurrido en la experiencia humana, es tan fácil radicalizarse en una u otra postura. La experiencia humana nos ha enseñado que no es de sabios rechazar a priori las nuevas corrientes de pensamiento ni tampoco aceptarlas a pie juntillas. Sin duda que la teología de la liberación tiene cosas que no podemos aceptar así por las buenas, pero no es inteligente ni justo tirar un cesto completo de manzanas porque se han visto algunas en malas condiciones.

El pueblo cristiano y sus líderes necesitan contribuciones de esta especie que les ayude a conocer y entender las corrientes de pensamiento que circulan en el medio donde están ministrando. Contribuyendo, además, al diálogo constructivo que permite que las fuerzas no se nos escapen por el colador de la vana discusión sino que nos lleva a la acción redentora y liberadora de la humanidad.

La opinión generalizada de los críticos más calificados es que la teología de la liberación no parece ser una novedad pasajera, sino que es, quizá, el desarrollo teológico más significativo de los últimos tiempos. De esto inferimos que esta forma de pensamiento teológico probablemente no se va, sino que se queda. En consecuencia, es urgente que pastores, estudiantes y laicos en general le presten la debida atención, porque les guste o no se van a encontrar con ella y sus defensores por muchas partes. No es que tengamos ansiedad por las "cosas nuevas", al estilo de los atenienses de los días del apóstol Pablo, quienes "en ninguna otra cosa se interesaban sino en decir o en oír algo nuevo". Pero sí debemos estar muy atentos a aquello que bien puede estar expresando el clamor del pueblo. Pueblo al que debemos conocer y escuchar, pues por llamamiento divino estamos dedicados a servirle. Mal servicio le prestaremos si no escuchamos primeramente su clamor.

En la seguridad de que la lectura atenta y reflexiva del libro que estamos presentando les introducirá acertadamente en el conocimiento de una temática que no podemos ignorar, y les espoleará lo suficiente la curiosidad como para lanzarles a profundizar más aprovechando la valiosa bibliografía que el autor aporta al final del libro, saludamos y agradecemos el esfuerzo de esos norteños latinizados que tanto aportan a nuestro bienestar.

José Luis Martínez

Prefacio

Un nuevo movimiento

El pastor de la Primera Iglesia Bautista en La Habana, Cuba, presentó una conferencia en un seminario teológico en Centroamérica. El pastor, don Lázaro, estuvo hablando durante unos diez minutos cuando un estudiante lo interrumpió para preguntarle:

—Creo que no le entiendo. ¿Dice que uno no puede ser cristiano y marxista?

El pastor le contestó:

—Sí, me entiende muy bien.

El alumno respondió.

—Está equivocado, porque yo soy ambas cosas.

Luego asistí a una escuela dominical donde escuché el siguiente diálogo.

El maestro: —Nunca en la historia han aplicado el cristianismo en cada situación. Hoy debemos tratar de hacerlo.

Un alumno: —Ni tampoco hemos dado al socialismo una oportunidad. Si lo hiciéramos, creo que encontraríamos la solución a todos nuestros problemas.

Estas dos experiencias señalan la existencia de un movimiento nuevo en la historia cristiana, especialmente en el Tercer Mundo. Es un movimiento internacional e interdenominacional. Es un movimiento atractivo y popular porque habla al hombre en su situación actual. Así, no se encuentra solamente en libros de texto en los seminarios, sino también en el púlpito y en la conversación de los laicos. Además, es algo más que una teoría. Es también una creencia cuyos adherentes la ponen en práctica. ¿Qué movimiento es este? Es la teología de la liberación.

Razones para el libro

Por varias razones, cada creyente debe familiarizarse con las creencias y prácticas de este movimiento. Obviamente, el movimiento es muy popular. También, se presenta como un movimiento de origen popular. Es decir, es un movimiento —según sus adherentes— que no tiene raíces en teologías extranjeras, especialmente de Europa y los Estados Unidos. La teología es así algo de la misma cultura en que viven las personas. Además, este movimiento ha afectado, o en el futuro puede afectar, la obra cristiana, sea la de los protestantes, los evangélicos o los católicos.[1] Tarde o temprano, se va a ver la influencia de este movimiento en la obra que se desempeña por el Señor Jesucristo. Esta influencia puede ser negativa o positiva. Así, cada creyente debe tomar conciencia o, en otras palabras, debe conocer las enseñanzas y prácticas de este movimiento.

Propósito

Por las razones mencionadas, el autor ha decidido escribir este libro como guía introductoria al movimiento. No pretende ser una discusión exhaustiva. Tampoco tiene el propósito de hacer la presentación de manera muy técnica. Lo que más le interesa es una presentación correcta y sencilla, a fin de que cada creyente pueda entender el movimiento.

Por lo general, el campo de este libro se limita a la discusión de la teología de la liberación desde el punto de vista latinoamericano. Después de dar una definición provisoria, se muestran los antecedentes del movimiento y su desarrollo histórico, sus bases o autoridades, y algunas de las doctrinas principales, más unas observaciones finales. Además, al final de cada capítulo, se encuentran preguntas sobre las cuales el lector puede reflexionar y discutir en grupo. Aunque el libro sea de naturaleza introductoria, puede servir para alumnos y profesores que quieran profundizar en el tema. La bibliografía que se encuentra al final del libro puede servirles de mucho.

El libro tiene el propósito de presentar la metodología y la teología según los teólogos de la liberación y luego sacar las conclusiones. Demasiadas veces la tendencia es de comenzar a criticar los conceptos de otros antes de haber escuchado toda la evidencia. Por esta razón, las primeras dos partes del libro se dedican a la presentación del pensamiento de los teólogos de la liberación. Solamente la tercera parte expresa las opiniones del autor. Se sugiere al lector que lea el libro desde el comienzo hasta el fin para aprovecharlo al máximo. A la vez, se pide que no se lean las

---

[1] Se refiere a los grupos católicos, protestantes y evangélicos en términos históricos. Los católicos son de la Iglesia Romana, y los protestantes tienen su origen en la Reforma que ocurrió en los siglos dieciséis y diecisiete. Los evangélicos son los grupos religiosos como los pentecostales que tuvieron origen después de 1840.

dos primeras partes sin leer la tercera, ni trate de adivinar lo que piensa el autor hasta que haya leído sus conclusiones.

La razón por la que se escribe

He preguntado a varios latinoamericanos si yo, un estadounidense, tengo el derecho de escribir un libro sobre la teología de la liberación. Ninguno me ha dicho que "No." Cuando les pregunté: "¿Por qué?", cada uno de ellos dijo: "Porque usted ha vivido por años en América Latina. Vive con la gente. Ha tratado de entender la situación en que vivimos." Es una razón válida. Los tipos de trabajo que he desempeñado han sido variados. En todos me he relacionado con mis compañeros, quizá en ninguno tanto como lo hago como pastor de la Primera Iglesia Bautista de San José, que me llamó voluntariamente como pastor. En este puesto, enfrento los problemas que se derivan de la situación en que vive América Latina en estos días.

Otra razón por la cual escribo este libro es porque la mayor parte de mi preparación académica ha sido en el campo de la teología y la historia. Esto me da autoridad para escribir sobre temas teológicos con el entendimiento de que cada teólogo quiere entrar en el diálogo positivo con sus colegas.

Además, es posible introducirme en el campo porque otros norteamericanos ya lo han hecho, por ejemplo Tomás Hanks, James Cone y Harvey Cox. Algunos han temido que sólo por razón de nacionalidad, recibiría críticas, quizá injustas. Puede ser, pero si uno critica así un libro solamente por el criterio de la nacionalidad del autor, entonces emplea el mismo criterio que el opresor aplica al oprimido.

La razón más obvia es que el evangelio no tiene límites ni fronteras. Siendo que el libro toca este tema y que yo mismo soy uno de los que han sido tocados por el evangelio, tomo en serio las palabras de Pablo cuando dice: "Pues todos sois hijos de Dios por la fe en Cristo Jesús; . . . Ya no hay judío ni griego; no hay esclavo ni libre; no hay varón ni mujer; porque todos vosotros sois uno en Cristo Jesús" (Gálatas 3:26, 28).

Requisitos del lector

La persona que lee este libro debe satisfacer tres requisitos. Primero, debe tener la mente abierta. Muchas veces, se tiene la tendencia de comenzar un estudio tal como éste con la mente llena de prejuicios. Se decide de antemano qué posición se va a tomar sin conocer todos los hechos en cuanto al tema. Esta actitud dice: "Ya he decidido. No me confunde con los hechos." O puede ser que se tome la actitud de que es una teología propia de América Latina, por lo que hay que aceptarla para ser fiel a su propia cultura. Si se ha de aprovechar al máximo este estudio, debe llegarse con la mente abierta y los oídos listos para escuchar lo que dice el movimiento. No importa si se está a favor o en contra del movimiento, la realidad es que el movimiento tiene algo que decir a la cristiandad. Es una voz que clama en el desierto. Los cristianos tienen el deber de escucharla.

Otra condición necesaria es que el estudiante debe mejorar su relación con Dios. Este requisito no contradice el primero. Cuando se mejora la relación con Dios, no es que se está entrando en un atrincheramiento, sino que la persona humana se apoya en la persona de Dios y no en pensamientos humanos. Tal requisito es necesario cuando se entra por primera vez en cualquier territorio teológico o filosófico. Debe determinar de antemano que va a andar con Dios, siempre buscando su voluntad y dirección.

El tercer requisito es que el cristiano debe tener una sensibilidad creciente de que vive en un mundo real, con gente real, en situaciones reales donde prevalecen el pecado, los dolores, las ansiedades, la depresión y la opresión. Dios tiene una palabra para el hombre en estas situaciones contemporáneas. El creyente que estudia la teología de la liberación debe hacerlo buscando esta palabra de Dios para hoy. También, el cristiano debe ser sensible al buscar la respuesta a la pregunta, "Si fueran destruidos los fundamentos, ¿qué ha de hacer el justo?" (Salmo 11:3).

Cualquier estudio de la teología de la liberación enfrenta algunas dificultades. Por ejemplo, la bibliografía es extensa. Casi cada semana aparecen nuevos materiales, por lo que resulta casi imposible leer todos los libros y artículos acerca del tema. Por esta razón, es muy problemático tratar de hablar definitivamente sobre el tema. Otra dificultad se presenta en cuanto a que hay algunos autores marginales. En ocasiones, hablan como si fueran teólogos de la liberación y, en otras, como si no pertenecieran a este movimiento. Parece que en ninguna parte han defendido su posición claramente.

Otro problema es que muchos de los libros que atacan a la teología de la liberación son insuficientes en su presentación. Hacen públicos sus prejuicios y no tratan de presentar los materiales objetivamente; y, peor aún, no muestran la misma erudición que los teólogos liberacionistas. Como consecuencia, no son tan llamativos como los libros de la teología de la liberación. En el estudio de cualquier tema, la persona puede entender mejor las ideas cuando ve todas las perspectivas de la misma manera.

Agradecimientos

Estoy muy agradecido a Orlando Costas que me introdujo en el estudio de la teología de la liberación. Su presentación objetiva me ayudó a entender mejor el movimiento. El doctor Roberto Podestá (Decano en Colegio Latinum de la Universidad Autónoma de Centroamérica) y el alumno Héctor Miranda no solamente leyeron el manuscrito, sino también sacrificaron su tiempo para mejorar el contenido del libro. Aprecio muchísimo el trabajo de ellos. Otras personas que leyeron el libro y me ofrecieron sugerencias valiosas son: doctor Roberto Adams, (Seminario Teológico Bautista del Suroeste EE. UU.), doctor Roberto Fricke, (Centro de Estudios Teológicos Bautistas de Costa Rica), pastor David Guevara, (Primera Iglesia Bautista, San Pedro, Costa Rica), doctor Arnoldo Mora Rodríguez, (profesor de Filosofía, Universidad de Costa Rica y miembro de la Comisión Política del Partido Socialista Costarricense), y pastor Guido Picado, (Primera Iglesia Bautista, Desamparados, Costa Rica), La señorita Luz Coles y Jorge Gaitán (bibliotecario) sirvieron como correctores de pruebas. Les doy mil gracias. La terminación de este libro no habría sido posible sin el apoyo de la Casa Bautista de Publicaciones y mi familia y la paciencia y fidelidad de mi secretaria Sandra White Grant. Palabras me faltan para expresarles la gratitud que ellos merecen.

Roberto Compton, Ph.D.

Comunidad Teológica Bautista de Centroamérica
San José, Costa Rica
Octubre de 1983

Parte I

UN ESTUDIO SOBRE EL DESARROLLO Y METODOLOGIA DE LA TEOLOGIA DE LA LIBERACION

1. La definición

La teología de la liberación es una frase de origen reciente en el mundo. Sin embargo, se encuentra en muchos libros y aun en las conversaciones en la calle. La usan católicos, protestantes y evangélicos. Es muy escuchada por todas partes del mundo. ¿Qué quiere decir?

Definición

En general, se puede definir la teología de la liberación como un movimiento que se compromete en la situación humana del oprimido y del opresor con el fin de liberar al oprimido. Principalmente, el movimiento está bajo la bandera del cristianismo y proclama que el papel del cristianismo es liberar a los oprimidos del opresor en cualquier etapa de la vida. La salvación llega al oprimido cuando se liberta de la opresión.

Un movimiento

Cuando se estudia esta definición se nota que la teología de la liberación es, mayormente, un movimiento. No es solamente una ideología. Ni debe identificarse como una teología sistemática. Esta teología, en su forma tradicional, comienza con una idea y la desarrolla lógica y bíblicamente. Hace la pregunta, "¿Qué dice esto al hombre contemporáneo?" La teología de la liberación, según esta definición de teología sistemática, no es tal teología. En el desarrollo de sus conceptos, la teología de la liberación comienza con el hombre actual; desde allí formula sus preguntas y apunta a la realización de las ideas.

En vez de tratar su teología en forma sistemática, la teología liberacionista ha sido una teología de la acción. Hasta el momento, es demasiado joven para desarrollarse como sistema. Además, los teólogos de la liberación ven las teologías sistemáticas como abstracciones y especulaciones. Insisten en que la teología de la liberación llama a la acción mientras que las teologías sistemáticas se basan solamente en la reflexión.

El único teólogo que se ha acercado a una teología sistemática es Gustavo Gutiérrez, del Perú, pero no ha desarrollado una teología que trate de las ideas y enseñanzas bíblicas de Dios, la revelación, el hombre, el pecado, la salvación, la iglesia y las últimas cosas.[1]

La situación humana de opresión

El movimiento teológico de la liberación comienza con la situación humana de la opresión. Es sumamente práctica porque hace preguntas en relación con estas circunstancias, se refleja críticamente sobre las respuestas y se compromete activamente en la situación o estado actual. Según José Míguez Bonino, es una manera nueva para *hacer* teología. El dice: "Así concebida, la teología no es el intento de ofrecer una comprensión correcta de los atributos o acciones divinos sino el esfuerzo por articular la acción de la fe, el orden de una praxis concebida y realizada como obediencia."[2]

Este método para hacer teología es lo que ellos llaman la *praxis*, que es la reflexión sobre una verdad que se hace. No solamente se afirma. De esta manera, la teología es más que lo práctico. Es también el acto de pensar críticamente seguido por actividad. Es reflexión concreta que produce participación en la causa libertadora. Es la teoría de la acción comprobada por la acción. La meta de esta *praxis*, y así de la teología de la liberación, es la transformación del mundo.[3]

El movimiento comienza con lo que concibe como la realidad histórica o, como dice Míguez Bonino, "la situación concreta". En efecto, "teologizamos 'partiendo de lo concreto', de 'las realidades particulares'".[4] Una vez que el teólogo observa la situación histórica, dos resultados ocurren. Primero hay acción, y casi simultáneamente, hay reflexión crítica. Como dice Gutiérrez, "La comunidad cristiana profesa una 'fe que opera por la caridad'. Ella es —debe ser— caridad eficaz, acción, compromiso al servicio de los hombres. La teología es reflexión, actitud crítica. Lo primero es el compromiso de caridad, de servicio. La teología viene *después*, es acto segundo."[5]

Esta manera de hacer la teología pone más énfasis en la *ortopraxis* que en la *ortodoxia*. En otras palabras, la práctica correcta con reflexión crítica es más importante que doctrinas correctas, incluyendo las que la iglesia ha seguido históricamente. Por consiguiente, la teología de la liberación no está atada a un sistema teológico al cual tiene que ser fiel. Puede desviarse de cualquier sistema teológico mientras que resulta en ortopraxis o acción correcta. Mientras tanto, la actitud de los teólogos de la liberación dentro de la iglesia es la de tolerancia profética.[6]

Propósito de la teología de la liberación

Hay otra observación necesaria en cuanto a la teología de la liberación. El propósito de esta teología es la liberación de las personas oprimidas. De esta manera la salvación llega al hombre. Según Gutiérrez, la salvación viene cuando el hombre renuncia a su egoísmo y busca la creación de una fraternidad auténtica entre los hombres.[7] La salvación es liberación que se lleva a cabo en la historia, para la historia y de la historia. La liberación se refiere a la situación donde está el hombre, para actuar en la historia y producir un cambio de la historia. Esta liberación o salvación es cultural, política y estructural. En primera instancia, es cultural porque lleva una ruptura con la cultura liberal, iluminista o magistral "a fin de cultivar la cultura del pueblo". Es política la liberación porque busca la manera de librar al hombre del poder del "imperio" que está representado en América Latina en este momento por los Estados Unidos y su clientela oligárquica local. Además, es una liberación estructural porque busca el fin del estado burgués y la creación de una sociedad socialista.[8]

Como resumen, diría que la liberación de una persona o una sociedad es con respecto a cualquier cosa que le oprima. Es librar al oprimido del opresor en cualquier aspecto de la vida. Puede ser cultural, política, eclesiástica, económica, *ad infinitum*. Por ejemplo, puede ser la liberación del peón del hacendado; el empleado, del empleador; el ciudadano, del gobierno; y las iglesias nacionales, de las entidades misioneras extranjeras.

La teología de la liberación se centraliza en asuntos sociales, políticos y económicos donde se ve que la gente oprimida es explotada y mantenida bajo la opresión. De esta manera, algunos notan que la teología de la liberación es más una ética de la liberación que una teología.[9]

La teología de la liberación es un movimiento social y político que tiene su base en la cultura donde existe. Hasta el momento no es muy clara la influencia que viene de otras partes del mundo. Solamente el tiempo aclarará la profundidad de la influencia en este movimiento del Evangelio Social con su proponente Walter Rauchenbusch quien escribió *Christianity and The Social Crisis* en 1907, y el énfasis social que Reinhold Niebuhr hizo más tarde.

Es más evidente la influencia de algunos teólogos-políticos europeos. Entre estos teólogos están Johannes Baptist Metz en unos libros tales como *Antropocentrismo Cristiano* y *Zur Theologie der Welt* y también Jurgen Moltmann en sus libros titulados *Teología de la Esperanza* y *Gott in der Revolution*. También el teólogo Karl Rahner en escritos tales como *Théologie et Anthropologie* ha influido en el movimiento. Estos teólogos-políticos han sido aceptados por el movimiento teológico liberacionista porque no tratan de justificar el estado existente. La influencia de estos teólogos es muy evidente en escritos de teólogos de la liberación tales como Gustavo Gutiérrez y Hugo Assmann; sin embargo, otros de la liberación como Alfredo Fierro han criticado estas teologías políticas e identifican más la teología de la liberación como una teología histórico-materialista.[10]

La teología de la liberación en Africa

Mientras el enfoque de este libro trate de la teología de la liberación en América Latina, quizá ayude a entenderla mejor dar un vistazo rápido de ésta en otras partes del mundo.[11]

Un representante de este movimiento en Africa es E. W. Frashole-Luke en la Universidad de Sierra Leona, Africa Occidental. Dice que la naturaleza de la búsqueda de las teologías cristianas es la que traduce la fe de Jesucristo a la lengua, estilo, genio, carácter y cultura de las gentes africanas. La tarea de los teólogos es interpretar la Biblia en el contexto africano y relacionar la fe cristiana con la religión tradicional de Africa.

Kenneth D. Kaunda, expresidente de Zambia, adopta este mismo punto de vista. Considera que el desafío de la iglesia es orientar las aspiraciones socioeconómicas y políticas tendientes a la distribución justa de bienes y oportunidades. Además, la iglesia debe luchar contra la injusticia y el terrorismo que son impuestos sobre las masas por los regímenes de minorías. Según él, la iglesia debe identificarse con las características del país. Por ejemplo, cuando los de Zambia hablan de la *zambianización* de la iglesia, no están refiriéndose solamente a reemplazar los expatriados con zambianos, sino que están diciendo que la iglesia debe reflexionar sobre los valores de Zambia a fin de que tenga significado real en las vidas de toda la gente zambiana.

En mayo de 1974 en una reunión de la asamblea de la *All African Conference of Churches* (Conferencia Eclesiástica Pan Africana), acordaron recomendar que se tuviera una moratoria misionera en Africa. Tal moratoria tenía el propósito de suspender temporalmente el uso de los recursos, material y personal por parte de las misiones extranjeras. Se vio como el único medio efectivo en la obra redentora de Cristo en el mundo. Para ser redimido, se tiene que morir y renacer como africano y genuinamente africano.[12] Tal énfasis en que se hace un llamado para la africanización del cristianismo, no solamente ha resultado, a veces, en la autoctonización de la religión, sino que también se han adoptado algunas características paganas dentro de ella.

La teología de la liberación en Asia

En Asia, el movimiento de la teología de la liberación no ha sido tan radical como en Africa. Si bien no se ha llamado a una moratoria en asuntos misioneros, se reconoce que la obra misionera ha dejado de existir en unas partes de su área. Más bien, se ha visto que la teología cristiana ha tenido que adaptarse a la cultura oriental. Esto implica claramente que hay que hacer cambios en la teología tradicional de Occidente. Pero, por otro lado, se reconoce que la teología de los negros en Norteamérica y la teología de la liberación en América Latina y Africa no pueden satisfacer las necesidades de la Iglesia Oriental. Aún así, es posible que cristianos de todo el mundo animen a otros para compartir las experiencias teológicas y sus interpretaciones del sufrimiento humano y de la esperanza que se puedan encontrar en estas situaciones.

Según Choan-Seng Song, de Taiwan, "La teología esencial —que la teología occidental ha expresado— debe ser reemplazada por una teología existencial. La teología no puede cuestionar quién es Dios. Su tarea es la de considerar lo que Dios hace..."[13] Se puede saber solamente lo que Dios hace por medio de los eventos y realidades en que el hombre interviene. La tarea de la teología asiática es afrontar sus propios problemas de sufrimiento, pobreza y comunismo. Por tanto, este es el desarrollo de una teología que tiene relevancia en Asia. Tal teología debe ser viva, útil, dinámica y auténtica. No se puede desarrollar tal teología con la indiferencia externa de otros cristianos.

Parece que el énfasis mayor de esta teología en Asia es adaptarse a la situación y luchar contra la depresión o la opresión de la gente oprimida; o, como dice Tissa Palasuriya: "El desafío de la iglesia en Asia es humanizar el comunismo."[14] Su preocupación mayor es que Roma pueda tratar de animar a los católicos para que se opongan a cualquier cambio. Dice también que la iglesia tiene que descubrir nuevamente que el evangelio es radical. Hay que vivirlo y no solamente creer o enseñarlo. La iglesia tiene que entrar en la lucha contra la depravación. ¿Por qué deben los marxistas estar solos, o casi solos, para tomar la justicia tan seriamente y luchar radicalmente contra la injusticia? Ahora es tiempo de redescubrir la profundidad radical del evangelio y tratar de vivirlo antes de que sean forzados a hacerlo por la revolución de los medio muertos de hambre en Asia.[15]

La teología de la liberación en Norteamérica

En América del Norte, la teología de la liberación también existe. Un negro, James H. Cone, ha luchado para conseguir cambios entre su pueblo. También, el asiático Roy Sano y el chicano

Leo Nieto han hecho lo mismo con su propia gente. El movimiento en los Estados Unidos ha sido importante entre los grupos de las minorías que han sentido la opresión económica y política. Hay gran variedad en el movimiento de la liberación en América del Norte. Algunos luchan por el cambio sin ser comunistas, mientras que otros luchan por el cambio pero hablan y practican los conceptos enseñados por Marx.[16]

La teología de la liberación en Latinoamérica

La pregunta que entonces surge es ¿cuán distinta es la teología de la liberación en América Latina? Primero, en comparación con la teología de la liberación en Norteamérica, la latinoamericana viene de los territorios del Tercer Mundo y no solamente por grupos minoritarios. Además, el área de América Latina es más cristiana que cualquier otro territorio del Tercer Mundo. Por esta razón, se puede reflexionar más aún en los conceptos tradicionales del cristianismo. Otra vez, la teología en América Latina es más militante y quizá más socialista, en términos marxistas, que en cualquier otro lugar del mundo. En Africa y Asia, buscan la manera de reintegrarse a su propia cultura; pero con la excepción de los indígenas, no hay una cultura distinta en América Latina a la cual las personas puedan retornar. Siendo que trajeron su cultura a América Latina en el primer instante, es probable que la teología de la liberación haya sido influida más por los grupos ajenos de esta área. A la vez, la teología liberacionista en América Latina rechaza la teología del Atlántico del Norte, es decir, de Europa y los Estados Unidos, porque dicen que su propia teología debe ser diferente en metodología y contenido. Ellos critican la teología de Occidente diciendo que

1. El comienzo para la teología del Atlántico del Norte es el idealismo filosófico. Este ha impedido el uso de ciertos instrumentos para el análisis sociopolítico que es la manera de tender un puente sobre la abertura en el evento del pasado y la realidad en el presente.

2. El lenguaje que usan cuando hablan de la revolución es indefinido. No es realista ni conflictivo porque no se dan cuenta de la injusticia del capitalismo.

3. Hace una distinción artificial entre la ética y la teología dogmática.

4. A la esfera secular se le permite tener demasiada autonomía. La teología del Norte no ha abandonado la "teología de la secularización".

5. Su mayor interés es explicar y criticar la sociedad pero no se dedica a cambiarla.[17]

Otra característica del movimiento es su ecumenismo. No es

ecuménico en el sentido de que esté tratando de unir a todos los cristianos o denominaciones cristianas en una gran organización. Es ecuménico en el sentido de que ha cruzado por las líneas denominacionales. Se encuentran teólogos de la liberación en el catolicismo y también entre los protestantes y evangélicos. En este sentido, el movimiento es muy ecuménico.

PREGUNTAS DE DISCUSION

1. ¿Cuáles son las definiciones de *praxis, ortopraxis* y *ortodoxia*? Demuestre con ejemplos cómo funciona cada uno.
2. ¿Cómo es el desarrollo de la teología de la liberación diferente de la teología sistemática? ¿Qué significa "hacer teología?"
3. ¿Cuál es el propósito de la teología de la liberación? ¿Es válido como una teología?
4. Distinga entre la teología de la liberación en Africa, Asia, Norteamérica y Latinoamérica.

CITAS

[1] Orlando E. Costas, *The Church and Its Mission: A Shattering Critique From The Third World* (Wheaton, Ill.: Tyndale House Publishers, Inc., 1974), p. 223.

[2] José Míguez Bonino, *La Fe en Busca de Eficacia* (Salamanca: Ediciones Sígueme, 1977), p. 107.

[3] Gustavo Gutiérrez, *Teología de la Liberación: Perspectivas* (Salamanca: Ediciones Sígueme, 1980), p. 32.

[4] Míguez Bonino, *op. cit.*, p. 98.

[5] Gutiérrez, *op. cit.*, p. 35.

[6] Hugo Assmann, "Theological Training and the Diversity of Ministries" (una ponencia leída en la T.E.F. Consultation, "Ministry Today", Alajuela, Costa Rica, 21 de julio de 1976).

[7] Gutiérrez, *op. cit.*, p. 197.

[8] Míguez Bonino, *op. cit.*, p. 93.

[9] Roberto Adams, "Theology and Ethics of Liberation", *Collage* (IV, 1976), pp. 32-34.

[10] Robert McAfee Brown, *Theology in a New Key: Responding to Liberation Themes* (Philadelphia: The Westminster Press, 1978), pp. 120-121.

[11] Gerald Anderson y Thomas F. Stranky (eds.), *Mission Trends No. 3: Third World Theologies* (New York: Paulist Press, 1976'.

[12] *Ibid.*, p. 207.

[13] *Ibid.*, pp. 221, 222. (Traducción mía.)

[14] *Ibid.*, p. 249. (Traducción mía.)

[15] *Ibid.*

[16] Gerald Anderson y Thomas F. Stranky (eds.), *Mission Trends No. 4: Liberation Theologies in North America and Europe* New York: Paulist Press, 1979).

[17] J. Andrew Kirk, *Liberation Theology: An Evangelical View form the Third World* (Atlanta, Ga.; John Knox Press, 1979), p. 27.

2. Los precedentes del movimiento

Ningún movimiento histórico comienza en un vacío. Siempre existen razones —ya sean culturales, sociológicas, religiosas u otras— que influyen en el principio y las actividades subsecuentes de cualquier movimiento. La teología de la liberación no es una excepción. Es una reacción a la situación religiosa, política y económica, especialmente en el Tercer Mundo. En este capítulo, se presentan algunas de las situaciones que influyeron en el comienzo del movimiento en América Latina.[1]

El papel histórico de la Iglesia Católica

Cuando los conquistadores españoles llegaron a lo que es ahora América Latina, traían consigo sacerdotes de la Iglesia Católica. Por un lado, se dio la impresión de que el imperialismo de España tenía la aprobación de la Iglesia. Por otro lado, la Iglesia llegó al nuevo mundo con intereses predominantemente políticos. Estaba bajo la protección de España; rendía homenaje a los reyes de España; y, verdaderamente, nunca rindió adecuado homenaje a Roma, como cabeza de la Iglesia.

Además, muchas personas recibían el bautismo por coacción para hacerse miembros de la Iglesia. Cuando los conquistadores entraban en un sector, los indígenas tenían el derecho de escoger entre el bautismo y la muerte. Por consiguiente, aceptaban el bautismo en vez de la espada, y de esta manera, desde el comienzo, la Iglesia Católica tomó la imagen de opresora.

Cuando se establecieron colonias, la Iglesia Católica se responsabilizó de la educación. En el sistema que se desarrolló, los ricos recibían educación y los pobres nunca tenían esa oportunidad. En algunos sectores de América Latina, donde la Iglesia Católica ha sido más fuerte, aún hoy día la educación no es algo al alcance de todas las personas.

Otra razón por la cual la Iglesia Católica ha aparecido como opresora es que nunca ha tenido capacidad de proveer sacerdotes nacionales suficientes en cualquier país de América Latina. La religión entró con sacerdotes españoles. En tiempos más recientes, muchos de los sacerdotes han llegado de los Estados Unidos. Aun hoy, gran parte de los sacerdotes que ministran en America Latina no son latinoamericanos. En ciertos países, como Colombia, han cerrado algunos de sus seminarios por falta de interés hacia el sacerdocio.

Cuando los pueblos se independizaron de España y formaron sus propios gobiernos, se incluyó en sus constituciones la declaración de que la Iglesia Católica sería la religión oficial del estado. No solamente recibía la protección del estado, sino también daba la idea de que la persona para que fuera un buen ciudadano tenía que ser miembro de la Iglesia Católica. Además, el gobierno aceptaba la responsabilidad de subsidiar económicamente a la Iglesia. Como consecuencia, toda la gente, aunque no fuera católica, ha tenido que pagar impuestos para sostener a la Iglesia en sus actividades diarias y también para construir edificios lujosos. En muchos casos, los católicos no pueden mantener estos edificios porque el costo es demasiado alto.

La Iglesia Católica también ha sido uno de los propietarios más grandes de toda la región, y bajo la sombra de los edificios y monasterios de las iglesias, ha habido personas que ni siquiera han podido poseer su propia casita. A la vez, como la Iglesia Católica ha sido la religión del estado, no ha tenido que pagar impuestos por sus propiedades. Mientras tanto, ha recibido la protección y otros beneficios del gobierno.

En tales condiciones, es natural que la Iglesia mantenga el *status quo* en asuntos políticos. En consecuencia, la Iglesia frecuentemente ha protegido las oligarquías opresoras. Por lo menos, cuando se habla de la Iglesia Católica en casi toda América Latina, se la identifica con la posición conservadora.

También, la Iglesia Católica ha tenido más autoridad y casi monopolio, porque ha sido la única facultada para mantener el registro civil. Por consiguiente, se registraban solamente los matrimonios realizados por los sacerdotes y el nacimiento de los niños bautizados en la Iglesia. A pesar de que esta situación ha cambiado, los actos del pasado han presentado a la Iglesia como una burocracia y una opresora.

Solamente en tiempos recientes, la Iglesia se ha referido a asuntos sociales. Impuesta por encíclicas papales como *Rerum Novarum* (1891), *Mater y Magister* (1961) y *Popularum Progressio* (1967) y por el Concilio Vaticano II, la Iglesia en América Latina ha comenzado a manifestar que hay que introducir cambios en la estructura tradicional. El desarrollo de la teología de la liberación es el resultado de este esfuerzo.

El papel del protestantismo

El protestantismo entró en el escenario latinoamericano en el siglo XIX. Pero no es sino hasta el siglo XX que ha tenido mayor impacto en la sociedad. En sus esfuerzos, no siempre ha presentado una alternativa completa ante el catolicismo. Por ejemplo, estructuralmente ha sido en varias ocasiones un monolito con organizaciones autoritarias. Las organizaciones misioneras han insistido en tener la última palabra en muchas decisiones y, aunque han tratado de preparar a dirigentes nacionales, no siempre les han dado puestos de importancia después de prepararles.

En el uso del dinero, que generalmente proviene de afuera, y en las construcciones de edificios, las misiones protestantes han sido demasiado paternalistas en su relación con la gente. Por un lado, han preguntado: "¿Cómo pueden ustedes estar en desacuerdo con nosotros, después de haber hecho tanto por ustedes?" Por otro lado, la actitud ha sido: "Si no están de acuerdo con nosotros, tendremos que quitar los fondos o echarles de los edificios que hemos construido." Este tipo de presión ha creado resentimiento de parte de muchas personas y se presenta a los protestantes como opresores.

En adición, los protestantes, como los católicos, han perpetuado su organización como entidad extranjera. Históricamente, las misiones han tenido su organización aparte. Se han reunido sin que hubiera latinoamericanos presentes. Han hecho muchos planes para la obra cristiana sin tomar en cuenta las opiniones de sus hermanos cristianos latinoamericanos. Por lo general, han pedido mas y más misioneros de afuera y han fallado porque no han utilizado a latinoamericanos que son capaces en muchos puestos. En la mayor parte de los casos, las misiones han pensado que iban a existir a perpetuidad en los países.

Solamente en tiempos recientes, algunas misiones han cambiado su manera de ser y han permitido a los nacionales participar en sus reuniones para ayudar a hacer los planes. En algunas ocasiones, se han integrado completamente dentro de la organización latinoamericana. Sin embargo, la insistencia en ser entidades extranjeras en tiempos pasados ha creado cierta desconfianza y el sentimiento de opresión en la mente de muchos latinoamericanos.

Sin olvidar que en varias ocasiones, los misioneros protestantes han tratado de convertir a la gente a su propia cultura. Es decir, que han tratado de presentar el evangelio bajo la bandera de los europeos o de los norteamericanos, ya sean de los Estados Unidos o Canadá. A pesar de que se pueda entender que esta tendencia es natural porque los misioneros han llegado conociendo sólo su cultura y la predicación del evangelio en esta cultura, ha dejado a muchos latinoamericanos pensando en que solamente se podía llegar a ser cristiano evangélico o protestante por adaptación a la cultura extranjera. Cuando se piensa de esa manera, es muy fácil relacionar el protestantismo con el concepto de traidor al propio país y cultura.

Mientras la Iglesia Católica ha estado encargada de la educación del pueblo pero ha olvidado la educación de los pobres, el protestantismo ha llegado con la educación para los pobres. Sin embargo, algunos han señalado que el protestantismo ha trabajo sólo con la clase baja —le ha enseñado a leer y le ha dado Biblias en su propio idioma. A la vez, ha mantenido su opresión al no dar una opción justa mediante la cual las personas de esta clase pudieran salir de esa estructura social. Los protestantes han dado oportunidades para aprender pero no para mejorar y asumir responsabilidades. En este sentido, según algunos, el protestantismo ha llegado a ser solamente otra estructura o tipo de símbolo que mantiene a la gente bajo la opresión.

Cuando el protestantismo llegó a América Latina, entró con el evangelio diciendo que Cristo podía librar al hombre de sus pecados. Las iglesias protestantes debían haber hecho eso, pero sin dejar la acción social. El protestantismo se ha limitado en la mayor parte de los casos a ofrecer hospitales, orfanatorios y escuelas. Ha fallado en aliviar de manera notable la opresión económica.

A finales de la década de 1950, ciertos sectores del protestantismo comenzaron a tomar una posición fuerte en asuntos sociales. Por ejemplo, Iglesia y Sociedad para América Latina (ISAL) se ha pronunciado a favor de la liberación por medio de reuniones, declaraciones y publicaciones. Sus documentos de 1961 y 1963 presentan una perspectiva protestante. La voz más fuerte ha sido dada por medio de teólogos protestantes como Ruben Alves y José Míguez Bonino.

La situación política

Hay dos factores en el campo político que han influido en el desarrollo de la teología de la liberación. La situación interna es de mayor importancia. Por ejemplo, en Costa Rica, según un historiador, unas doce familias han sido las gobernantes desde el tiempo de los conquistadores. Ha sido muy difícil que otros dirigentes hayan podido surgir en ese país.[2] Este no es un hecho extraordinario en América Latina. También en otros países como Bolivia, no han podido tener un gobierno estable. Por lo general, cada año se cambia de gobierno. En otros países como Nicaragua y Argentina, la gente ha vivido oprimida por dictadores, y se les ha negado los derechos humanos en muchos lugares.

Los países situados al sur del Río Grande se sienten eclipsados, por no decir dominados, por los Estados Unidos. Es común escuchar que Estados Unidos tomó injustamente a Panamá de Colombia. También, se quejan de que Estados Unidos abusó de Panamá en cuanto a la Zona del Canal. Otros han hablado de que Estados Unidos sostuvo a Somoza en Nicaragua y está sosteniendo al gobierno de la derecha en El Salvador. El papel de Estados Unidos en Chile, cuando Allende era presidente, se señala como otro acto del imperialismo del Norte. Desde el punto de vista latinoamericano, América del Norte ha dominado en las riquezas naturales, humanas, materiales y espirituales. Para países que están en vías de desarrollo, esto ha presentado sus propios problemas en muchas ocasiones.

El papel de Cuba

La Revolución Cubana no ha dejado de impactar la política latinoamericana. Desde el punto de vista de muchos latinos, esta revolución ha tenido mucho éxito. Es el primer país en América Latina que ha tenido la capacidad de enfrentarse a Estados Unidos como igual. Se dice que ha avanzado más rápidamente que cualquier otro país en América Latina durante los últimos 25 años. Quizá lo más importante es que el mundo latinoamericano lo ve como el movimiento que comenzó con la gente para librarla de la opresión del dictador Batista. El comunismo se desarrolló después.

Problemas económicos

Los problemas económicos siempre han estado presentes en América Latina. Pero en tiempos recientes, los sociólogos y economistas han presentado estadísticas indudables para mostrar por un lado la dominación económica de parte de naciones y empresas fuera de América Latina. Por otro lado, han mostrado que en la mayor parte de los países, la dominación económica ha estado en manos de unos pocos. Por ejemplo, la posesión de la tierra por una minoría ha sido lo normal. En un país, el 90% de la tierra ha estado en manos de catorce familias, y son los que tienen todos los negocios grandes de la ciudad capital.

La situación económica también empeora por la razón de que la pobreza existe junto a la riqueza. En la mayor parte de los países latinoamericanos, no existe clase media, y la diferencia entre pobres y ricos es muy drástica y evidente. Lo peor es que muchos de los pobres han perdido la esperanza de poder salir de esta situación. En esta desesperación buscan algo que les pueda dar esa esperanza.

Históricamente, los ricos han tratado de mantener a los pobres en su misma posición. Primero, los finqueros no se han preocupado por la educación de los niños de sus peones. Segundo, muchas veces los patrones aun burlan la ley pagando mucho menos de lo que la ley exige en cuanto al sueldo mínimo.

La situación se agravó por el fracaso de la Alianza para el Progreso. Lo que todos anticipaban como panacea para los problemas económicos producía más obstáculos que soluciones. La esperanza se desvaneció, y la frustración continuó.

Desarrollo teológico

Los protestantes y católicos en América Latina no han producido una teología latinoamericana en el pasado, sino que han ofrecido un eco europeo y norteamericano. Cuando los primeros teólogos misioneros llegaron, empezaron a enseñar casi palabra por palabra la teología que habían aprendido en sus países de origen. Durante los años, esta costumbre no ha cambiado. Quizá peor, no han desafiado a los líderes latinoamericanos para desarrollar su propia teología. Siendo que la teología debe ser la Biblia más la experiencia, lo que ha ocurrido es que se ha dejado un vacío en América Latina con respecto a la teología.

Conclusión

Puede ser que estos factores que han presentado sean de una posición extrema. Sin embargo, estas situaciones son reales para los que han desarrollado la teología de la liberación, y su teología es el intento por enfrentar el mundo como ellos lo contemplan.

PREGUNTAS DE DISCUSION

1. Compare el principio de la Iglesia Católica y el de los Protestantes. ¿En qué son similares? ¿En qué distintos?
2. ¿Cuáles eventos han promovido el interés de los católicos y protestantes en la acción social?
3. ¿Cómo contribuyen las situaciones políticas y económicas al desarrollo de la teología de la liberación?
4. ¿Por qué han reaccionado algunos teólogos a las raíces europeo-norteamericano?

CITAS

[1] Varios autores discuten lo que se presenta en este capítulo. Unos de ellos y sus obras son:
Richard N. Adams y otros, *Social Change in Latin America Today*

(New York: Vantage Books, 1960).

Robert McAfee Brown, *Theology in a New Key* (Philadelphia: Westminster Press, 1978), pp. 19-49.

Orlando E. Costas, *The Church and Its Mission: A Shattering Critique from The Third World* (Wheaton, Ill.: Tyndale House Publishers, Inc., 1974), pp. 219-231, y *Theology of The Crossroads in Contemporary Latin America* (Amsterdam: Rodopi, 1976), pp. 29-69.

Alain Gheerbrant, *The Rebel Church in Latin America* (Middlesex, Inglaterra: Penquin Books, Inc., 1974).

José Míguez Bonino y otros, *Protestantismo y Liberalismo en América Latina* (San José, Costa Rica: Ediciones SEBILA, 1983).

José Míguez Bonino, *La Fe en Busca de Eficacia* (Salamanca: Ediciones Sígueme, 1977).

Pablo Richards y Diego Irarrázaval, *Religión y Política en América Central* (San José, Costa Rica: Departamento Ecuménico de Investigaciones, 1981).

[2] Samuel Stone, *La Dinastía de los Conquistadores* (San José Costa Rica: Editorial EDUCA, 1982), p. 26.

3. La historia del movimiento

El movimiento teológico liberacionista comenzó en la década de los sesenta. Históricamente es, entonces, un infante. Sin embargo, este movimiento ha crecido mucho y ha influido en muchas personas. Su acción se ha extendido rápidamente como si fuera un incendio en un pajar.

Antecedentes

Cuatro eventos o escritos durante la década de los sesenta prepararon la escena para la aparición de la teología de la liberación. Primero, el Papa Juan XXIII promovió el *aggiornamiento*[1] al abrir las ventanas de la Iglesia, porque pensaba que ésta debía estudiar cómo hacer los cambios necesarios para servir en el mundo moderno. Su interés era que la Iglesia se pusiera al día en el mundo del siglo XX. Luego, el Pontífice convocó el Concilio Vaticano II. Entre otras decisiones, el Concilio adoptó decretos y constituciones dirigidos especialmente a la difícil situación de los pobres en el mundo. Estas acciones expresaron lo que los obispos conciliares sintieron en cuanto a la gran opresión de los pobres. Este concilio dio impulso a los sacerdotes para que tomaran acciones en favor de los pobres.

En seguida, Pablo VI escribió la encíclica *Popularum Progresio* (1967). En ella se decía que la nueva palabra por la paz era "desarrollo" y abogaba por la ayuda al Tercer Mundo. De pronto, quince obispos latinoamericanos se reunieron para hablar acerca de los problemas del Tercer Mundo. Concluyeron que el pueblo del Tercer Mundo constituye el proletariado del mundo de hoy; que la Iglesia no debe secundar el imperialismo financiero; que la propiedad debe tener un destino común; y que la Iglesia, despojada de sus privilegios monetarios y sociales, debe identificarse con todos los explotados de la humanidad, a fin de recuperar sus derechos de los opresores.[2]

En 1961, el Concilio Mundial de Iglesias, representando el campo protestante, organizó "Iglesia y Sociedad". Se interesaba por la fe bajo la luz de naciones subdesarrolladas, y dio impulso a los protestantes para tomar un nuevo interés en situaciones sociales. Así, motivó a varios en este grupo para que entraran en el movimiento de la teología de la liberación.

La Conferencia Episcopal Latinoamericana

La fecha citada generalmente para el comienzo del movimiento de la teología de la liberación es 1968, con la Conferencia Episcopal Latinoamericana (CELAM II), que se llevó a cabo en Medellín, Colombia. La CELAM se estableció como una organización episcopal de la Iglesia Católica en América Latina en 1955 (CELAM I) con el propósito de efectuar estudios consultivos y orientar la acción de la Iglesia Católica en América Latina. Los obispos se reunieron en Medellín en el año 1968 para cumplir con este propósito.

La convocatoria era tan importante que Pablo VI viajó de Roma para esta reunión. El Papa clamaba ante ciertas decisiones extremas por parte de los obispos y declaró que la violencia y la revolución *no* eran acciones cristianas. Sin embargo, la CELAM II tomó decisiones radicales y publicó sus conclusiones antes de que Roma las hubiera aprobado. Por estas razones, la reunión en Medellín fue la más significativa hasta aquel entonces.

En los documentos de CELAM II, se llegó a cinco conclusiones importantes. (1). Se condenó al colonialismo que había mantenido en América Latina como región subdesarrollada. (2). Se opuso al capitalismo liberal con sus conceptos "equivocados" que habían propuesto que el derecho de ser propietario era la motivación para la producción. (3). Se puso en contra del poder autoritario actual porque generalmente favorecía a los privilegiados y era contrario al bien común. (4). Se condenó la tergiversación del comercio internacional que funcionaba por monopolios y el imperialismo monetario internacional. (5). Se condenó la violencia que era provocada por los privilegiados.[3]

La reunión usó el lenguaje de la liberación y llegó a preparar la base para la nueva teología. El movimiento de la liberación que se presentó repentinamente fue esencialmente católico.

Otras reuniones

Hubo un simposio sobre la teología de la liberación en México en 1970. Latinoamericanos y norteamericanos asistieron y discutieron esta nueva ola de la teología. No se produjo ningún documento, pero el simposio se difundió en varios lugares. Al año siguiente, la octava conferencia anual del Programa Cooperativo Interamericano Católico se reunió en Reno, Nevada. Se publicó un documento de importancia titulado *Libertad y No Libertad en las Américas: Hacia una Teología de la Liberación.*

Se han llevado a cabo otras reuniones consultivas de esta índole. En julio de 1977, el Concilio Mundial de Iglesias patrocinó una conferencia en Costa Rica sobre el ministerio en el día de hoy. Participantes de todas partes del Tercer Mundo asistieron. Presentaron varios estudios de índole liberacionista y las reacciones de parte de teólogos no latinoamericanos variaron. No publicaron un documento conclusivo.

Los protestantes

A pesar de que algunos protestantes asistieron a la CELAM II como observadores en 1968, no comenzaron a ocuparse con la teología de la liberación hasta la década de los setenta. Significativo fue el Primer Encuentro Cristiano Latinoamericano para el Socialismo que se llevó a cabo en Santiago, Chile, en 1972. Esta conferencia con representantes de los protestantes y católicos dio credenciales a la teología de la liberación. No hubo interés en cuestiones abstractas sino en la realidad de los hechos. Como consecuencia, se produjo una teología realista. Es notable que la reunión fue un encuentro de cristianos comprometidos en la lucha humana para una sociedad socialista, y actualmente es *Christians For Socialism* (Cristianos para el Socialismo) en los Estados Unidos.[4]

CELAM III

Los obispos católicos se reunieron en Puebla, México, en 1980 en la tercera Conferencia Episcopal Latinoamericana. Otra vez, el papa, Juan Pablo II, asistió y habló entre otras cosas contra la violencia. Como en otras ocasiones, los obispos trabajaron independientemente y obtuvieron diversas conclusiones de carácter social.

Centros de la teología de la liberación

El movimiento no ha cruzado solamente las líneas denominacionales; también hay fuertes centros de esta teología en muchos países desde México hasta la Argentina. Algunos de ellos son:

México:	Centro de Reflexión Teológica. La Confraternidad Teológica. Dos publicaciones son *Cristus* y *Cincos*.
El Salvador:	Publicación *Sobrino*.
Costa Rica:	Seminario Bíblico Latinoamericano. Departa-

	mento Ecuménico de Investigaciones (DEI). Editorial Universitaria Centroamericana (EDUCA). (Por un tiempo, el brasileño Hugo Assmann trabajó en la Universidad Nacional en Costa Rica.)
Colombia:	Indoamericano.
Cuba:	Seminario Unido de Teología en Matanzas.
Perú:	Centro de Publicaciones. El teólogo Gustavo Gutiérrez enseña en Lima.
Brasil:	Dom Helder Cámara en Olinda y Recife. La revista *Voces* en Río de Janeiro. Paulo Freire, educador, quien actuó en Brasil y después marchó a Chile donde estuvo hasta que fue nombrado persona *non grata*. Actualmente, está vinculado al Concilio de Iglesias en Ginebra, Suiza.
Nicaragua:	Centro Valdivieso con el P. Uriel Molina.
Uruguay:	Editorial Tierra Nueva.
Argentina:	Latinoamérica Libros: la publicación *Cristianismo y Sociedad* y los teólogos José Míguez Bonino y Juan Luis Segundo.

Fuera de América Latina, Editorial Sígueme en Salamanca, España, ha contribuido mucho al movimiento al publicar muchos libros sobre el tema, especialmente los escritos por latinoamericanos.

PREGUNTAS DE DISCUSION

1. Discuta las cinco conclusiones de la CELAM II. ¿Tienen validez? ¿Cuáles fueron los antecedentes a esta conferencia?
2. ¿Cuándo comenzaron a escribir los protestantes acerca de la teología de la liberación?
3. ¿Dónde están los centros de la teología de la liberación? ¿Hay uno cerca de usted?

CITAS

[1] *Aggiornamiento* es un vocablo italiano que, literalmente, significa "puesta al día".

[2] J. Andrew Kirk, *Liberation Theology: An Evangelical View from The Third World* (Atlanta, Ga.: John Knox Press, 1979), p. 24.

[3] *Ibid.*, pp. 27-28.

[4] Orlando E. Costas, *Theology of the Crossroads in Contemporary Latin America* (Amsterdam: Rodopi, 1976), p. 75.

4. Las bases de la teología de la liberación

Si la teología de la liberación es una nueva manera de hacer teología, se tiene el derecho de preguntar, "¿De dónde viene la autoridad para esta teología?" En la Iglesia Católica, por ejemplo, la autoridad para su teología es la tradición más la Biblia. Entre los protestantes y los evengélicos, la mayor parte sostiene que la autoridad procede directamente de la Biblia. ¿Sucede lo mismo con la teología de la liberación? ¿Tiene otras bases que le den la autoridad?

Principalmente, la teología de la liberación tiene tres bases: la realidad histórica; las ciencias sociales y el sistema de análisis de Marx.

La realidad histórica

El propósito del teólogo de la liberación es mirar a la historia de una manera práctica. Quiere ver la situación o situaciones tales como son en el contexto cultural del presente. En sus observaciones de la realidad histórica, se da cuenta de que hay muchas injusticias y mucha opresión. No hay razón para tanta aflicción. Al ver esta situación así, el teólogo liberacionista comienza a hacer preguntas tales como: "¿Por qué estoy en esta situación de opresión mientras hay otros que no están?" "¿Por qué trabajo yo todo el día y recibo tan poco por mis esfuerzos y, a la vez, otros prosperan con el fruto de mi labor?" Mientras que reflexiona sobre estas preguntas, surge otra, "¿Qué significa ser iglesia en América Latina en el día de hoy?"

Sobre la base tales preguntas y con la autoridad que viene de la respuesta de estas preguntas y otras semejantes se desarrolla la teología de la liberación.

Las ciencias sociales

Las ciencias sociales estudian las gentes del mundo y cómo viven juntas en familias, tribus o comunidades. Así, tratan la estructura de la sociedad y la actividad de sus miembros. Los estudios que se incluyen en las ciencias sociales son la economía, la sociología, la historia y la cívica. Por estos medios, obtienen información en cuanto al desempleo, gobierno, inflación, desnutrición, inmoralidad (prostitución), las condiciones de la salud y la situación en que el hombre vive diariamente.

Se advierte la importancia de las ciencias sociales porque lleva a la gente a la *concientización,* palabra usada primeramente en este contexto por Paulo Freire, educador católico del Brasil. Cuando una persona se concientiza, se da cuenta de la situación en que está al punto de que forma una conciencia crítica de sus circunstancias.[1]

Aplicada a la teología de la liberación, la concientización indica que los oprimidos deben descubrir su mentalidad precondicionada por la situación en que viven y su desesperación por razón de esta situación. Deben pasar de una mentalidad conformista y sin crítica a otra que lleve a cabo la transformación por medio de la crítica que hacen del mundo en que viven. Gustavo Gutiérrez observa que la persona oprimida, en este proceso, rechaza la conciencia opresiva en que ella vive, llega a darse cuenta de su situación, encuentra su propio lenguaje y llega a ser más libre.[2]

De esta manera, las ciencias sociales son indispensables para la reflexión teológica en América Latina. Como observa Gutiérrez, "Un pensamiento teológico que no presente este carácter racional y desinteresado no sería verdaderamente fiel a la inteligencia de la fe."[3]

El sistema de análisis de Marx

Primeramente, es necesario observar que muchas personas, cuando se dan cuenta que la teología de la liberación usa el sistema de análisis de Marx, inmediatamente identifican a la teología de la liberación con el marxismo. Es cierto que algunos de los teólogos de la liberación son marxistas en todos sus aspectos. Sin embargo, es necesario observar que algunos de ellos no aceptan todas las enseñanzas de Marx. En realidad, critican el sistema completo. Por ejemplo, Míguez Bonino dice que

> la sociología latinoamericana más significativa rechaza al mismo tiempo todo marxismo dogmático y ortodoxia ideológica. La estructura de clases, por ejemplo, tiene que ser estudiada en términos de las realidades que se dan en una sociedad dependiente, en tanto que los clásicos marxistas le vieron tal como surgía en los países nordatlánticos. Las nuevas formas del capitalismo neocolonial y multinacional requieren como, por su parte, una reconsideración de las formulaciones clásicas. La importancia de las instancias llamadas superestructurales

(cultura, religión) en la lucha por la liberación, merece una atención mucho mayor que la que se ha concedido en el pasado. En éstos y en otros sentidos, el esquema marxista no es tomado como un dogma sino como un método a aplicar a nuestra propia realidad en términos de ésta...[4]

También, dice que la hipótesis marxista "tiene que ser corregida, refinada, aplicada y suplementada"[5] en cuanto a su relación con América Latina. De la misma manera, Hugo Assmann, que es más izquierdista que muchos otros teólogos de la liberación, ve algunas debilidades en el marxismo. Dice, "una verdadera lectura histórica de la Biblia, particularmente del mensaje de Cristo, introduce una serie completa de preguntas radicales a las cuales el marxismo no ha dado atención suficiente".[6]

Es importante recordar que la teología de la liberación ve el sistema de análisis del marxismo como instrumento que puede utilizar autoritariamente en el desarrollo de la teología de la liberación. A pesar de su rechazo del marxismo en sí, Míguez Bonino dice: "Nos parece que [el marxismo] ha demostrado ser un instrumento útil para la proyección de una praxis histórica destinada a realizar las posibilidades humanas en la historia."[7]

Gutiérrez explica que hay tres razones por las cuales el pensamiento marxista ha tenido tanta influencia entre los teólogos de la liberación. De mayor importancia es el hincapié que hace en la transformación del mundo y el papel del hombre como actor que produce este cambio en la historia. Además, el marxismo ayuda al teólogo a percibir aquello que su esfuerzo por entender la fe recibe de esta praxis histórica del hombre, y lo que su propia reflexión puede significar para esta transformación del mundo.[8]

La tercera razón tiene que ver con la dimensión escatológica, puesto que la historia humana es una apertura al futuro. Así, tal historia tiene la tarea, incluso de carácter político, de orientar al hombre para que se abra al don que da a la historia el sentido último —un encuentro pleno con el Señor y otras personas. "La fe en un Dios que nos ama y nos llama al don de la comunión plena con él y de la fraternidad entre los hombres, no sólo no es ajena a la transformación del mundo sino que conduce necesariamente a la construcción de esa fraternidad y de esa comunión en la historia."[9] En otras palabras, el sistema de análisis de Marx llama a los cristianos a la actividad de llevar a cabo una mejor sociedad para la humanidad.

Entonces la metodología del materialismo dialéctico y el materialismo histórico es importante para la teología de la liberación. El "materialismo" se refiere a lo que es real en sí. El término "dialéctico" significa que todo está interconectado y que hay un proceso continuo de cambio en esta interrelación. El cambio ocurre porque existe una tensión entre las cosas que se oponen. Es decir, en la interconexión, unas cosas son oprimidas mientras que otras son opresoras. Entre ellas, hay una presión que lleva a cabo un cambio continuo. Muy pocas veces existe unidad entre las cosas en que no hay un proceso de cambio porque no hay opresores ni opresión. Tal situación es temporal. Cuando un cambio resuelve las contradicciones en una situación, tiene la tendencia de crear sus propias contrariedades. Otra vez, entonces, se producen tensiones y el proceso de cambio comienza de nuevo.

El estudio del materialismo es "histórico" porque tiene que ver con la realidad de las cosas en el mundo actual. Uno debe estudiar la historia, no tanto para saber la historia en sí ni solamente para ver la realidad del presente, sino que debe estudiarla para determinar la proporción del cambio, las fuerzas que influyeron en el cambio y la dirección que el cambio toma y la conclusión más probable de estos cambios.

El cambio constante puede ser entre cualesquiera de las cosas en la realidad, pero cuando se aplica este concepto a la teoría social y el desarrollo de la sociedad humana, se conoce como el materialismo histórico. Aquí la causa del cambio es económica y tiene su base en la producción. Las fuerzas materiales son producidas por un grupo que no se beneficia mucho de la plusvalía de la producción. Este grupo se compone de la mayor parte y pertenece a la *infraestructura*, la estructura económica de la clase oprimida. En contraste, hay otro grupo que se aprovecha de la plusvalía de la producción. Aunque se compone de la minoría, se ve como los opresores y se identifican con la *superestructura*. En tal ambiente, la revolución ocurre para cambiar la superestructura que tiene el apoyo de las leyes, los gobiernos, la religión, la filosofía y el dueño de la fábrica o el propietario. Generalmente, el conflicto es violento porque la superestructura tiene el poder y no quiere cambiar. La mejor manera y la más rápida es por la violencia.

Después del cambio, el proletariado, los de la *infraestructura*, gobierna y, según el sistema, el control es democrático porque es por la mayoría. En la historia, se pueden ver estos cambios entre el esclavo y el amo, el siervo y el señor, y el obrero y el capitalista.

El ideal y la meta es moverse hoy desde el capitalismo hacia el socialismo y, al fin, al comunismo. En el socialismo, el proletariado gobierna y hay propiedad colectiva. Cada uno produce según su habilidad y cada uno recibe según el trabajo realizado. Otra vez, todos son los propietarios de todo. Todavía queda llegar al comunismo o utopía en que todos producen según su habilidad y reciben según su necesidad. No habrá clases sociales, ni infraestructura, ni superestructura. Hasta que llegue a este "cielo en la tierra", la realidad se presenta en un círculo histórico.

Conclusión

En el desarrollo de su pensamiento, los teólogos de la liberación siempre comienzan con la realidad histórica, el estudio de las ciencias sociales y este sistema de análisis de Marx.

PREGUNTAS DE DISCUSION

1. ¿Cuáles son las tres bases autoritarias de la teología de la liberación? Defina cada una de estas bases.
2. ¿Qué quiere decir "concientización", "praxis", "infraestructura", "superestructura", "materialismo dialéctico", y "materialismo histórico?"
3. ¿En qué sentido es marxista la teología de la liberación? ¿Son marxistas todos los teólogos, en todos sus aspectos?

CITAS

[1] Paulo Freire, *La Educación Como Práctica de la Libertad* (Ciudad de México, D. F.: Siglo Veintiuno Editores, S. A., 1978).
[2] Gustavo Gutiérrez, *Teología de la Liberación: Perspectivas* (Salamanca: Ediciones Sígueme, 1980), p. 133.
[3] *Ibid.*, p. 25.
[4] José Míguez Bonino, *La Fe en Busca de Eficacia* (Salamanca: Ediciones Sígueme, 1977), p. 60.
[5] *Ibid.*, p. 123.
[6] J. Andrew Kirk, *Liberation Theology: An Evangelical View from The Third World* (Atlanta, Ga.: John Knox Press, 1979). p. 49.
[7] Míguez Bonino, *op. cit.*, p. 123.
[8] Gutiérrez, *op. cit.*, p. 32.
[9] *Ibid.*, p. 33.

5. El papel de la Biblia y la hermenéutica

Tradicionalmente, la iglesia y los teólogos han tomado la Palabra Divina como su base primordial. La han aplicado a la realidad presente. Dicen: "¿Qué dice la Palabra de Dios a esta situación?"

Siendo que los instrumentos de la teología de la liberación son la realidad histórica o el contexto actual, las ciencias sociales y el análisis marxista, uno puede sospechar que el papel de la Biblia para estos teólogos y su manera de hacer teología son distintos. Este capítulo se dedica a presentar la metodología que ellos utilizan en la interpretación de la Biblia.

Reconocimiento de la Biblia

Todos los teólogos de la liberación profesan creer en la Palabra de Dios. Esto se ve cuando Laverne Rutschman dice que la exégesis bíblica es uno de los instrumentos de la teología latinoamericana.[1]

Gustavo Gutiérrez es otro representante de los teólogos de la liberación que otorga su reconocimiento a la Biblia. Afirma que "la reflexión teológica sería entonces, necesariamente, una crítica de la sociedad y de la iglesia, en tanto que convocadas e interpeladas por la palabra de Dios; una teoría crítica, a la luz de la palabra aceptada en la fe, animada por la intención práctica. . ."[2] Aun Hugo Assmann se refiere a la Biblia como uno de los puntos de referencia en la teología y dice que uno debe ver que los textos bíblicos hablen.[3]

La hermenéutica de la Biblia

La palabra "hermenéutica" es un término técnico que se refiere a la interpretación de la Biblia. Puesto que los teólogos de la liberación aceptan la Biblia y la usan en el desarrollo de su teología, es preciso saber cómo ellos hacen su hermenéutica, para usar una palabra favorita de esta teología. Gutiérrez, después de dar reconocimiento a la Biblia, continúa diciendo que la hermenéutica está indisolublemente unida a la praxis histórica.[4] En otra ocasión, dice que la teología es "reflexión crítica de la praxis histórica a la luz de la Palabra".[5] A la vez, la interpretación bíblica no debe ser empleada sola. Hay que tomar en cuenta otras funciones de la teología como la sabiduría y el ser racional. Aun el uso de la Biblia está subordinado al contexto actual. "Es en obligada referencia a... [la praxis histórica] donde deberá elaborarse un conocimiento del progreso espiritual a partir de la Escritura..."[6] Así, "el mensaje evangélico al revelarnos a Dios, nos revela a nosotros mismos en nuestra situación ante el Señor y con los demás hombres".[7]

De la misma manera, Assmann dice que el texto principal para la teología es la realidad presente. Al reflejarse en el presente histórico, se puede rescatar la teología del pasado judeo-cristiano. Entonces, lo importante en la hermenéutica es reflejar críticamente sobre los documentos históricos bajo la luz del contexto actual, el mundo contemporáneo en que vive.[8]

El círculo hermenéutico

Esta hermenéutica que da más énfasis a la situación del presente que al contexto histórico de la Biblia ha sido descrito como el círculo hermenéutico. Según Juan Luis Segundo, este círculo es "nuestra interpretación de la Biblia en función de los continuos cambios de nuestra realidad presente... El carácter circular de dicha interpretación va en que cada nueva realidad obliga a interpretar de nuevo la revelación de Dios a cambiar con ella la realidad y, por ende, a volver a interpretar... y así sucesivamente".[9]

Se encuentran cuatro puntos decisivos en el círculo. El primero es la *sospecha ideológica* en que el que interpreta hace preguntas para ver si otras interpretaciones son falsas porque sostienen la estructura social y política de los poderosos. El segundo paso es la *sospecha teológica* en que aplica la sospecha ideológica a toda la superestructura, particularmente a la teología. Tercero, debe haber *una sospecha exegética* en la que se hagan preguntas suponiendo que la interpretación bíblica de hoy no tiene en cuenta cierta datos importantes. Así, llega al cuarto paso, que es *la nueva hermenéutica*, en que se usan los nuevos instrumentos disponibles para afirmar la relevancia de la Biblia en el contexto del históricopresente.[10]

Es necesario satisfacer dos condiciones para utilizar el

círculo hermenéutico. La primera es que las preguntas sean tan ricas en relación con la realidad que obliguen al intérprete a cambiar sus conceptos de la vida. La segunda es la voluntad de cambiar la interpretación en cada situación con la que el hombre se enfrente. Si no cambia, los problemas del hombre quedarán sin respuesta o, aún peor, recibirán respuestas "viejas, inservibles y conservadoras".[11]

En conclusión, se puede decir que el teólogo debe preguntarse acerca del significado de la Palabra de Dios para conocer el mensaje que hoy envía a los hombres. Pero no solamente esto, también tiene que buscar nuevas estructuras naturales a fin de que encuentre nuevas formas para reexpresar la Palabra. Lo más importante es que la Biblia tiene que ser interpretada contextualmente, es decir, en la situación actual en que vive el hombre. Como dice Rutschman, "Sólo cuando la Palabra viviente de Dios es estudiada en el contexto latinoamericano puede ser interpretada correctamente."[12]

La relectura

Un resultado de esta manera de interpretar la Biblia ha sido lo que ellos llaman la relectura de la Biblia. Esta conclusión de la hermenéutica es sencillamente el esfuerzo de poner un pasaje bíblico en el contexto de hoy. La persona pone un salmo u otro pasaje bíblico en términos modernos, pero mantiene la forma en que se encuentra el pasaje en la Biblia. Dos ejemplos pueden servir para que el lector entienda este proceso.

En la primera parte de la década de 1970, Ernesto Cardena, de Nicaragua, escribió lo siguiente que tiene su base en el Salmo 130. Dice así:

> Desde lo profundo clamo a ti, Señor.
> Clamo de noche en la prisión
> y en el campo de concentración.
> En la cámara de torturas,
> en la hora de las tinieblas
> oye mi voz,
>   mi S.O.S.
>
> Si tú llevaras el registro de los pecados,
> Señor ¿quién estaría inmune?
> Pero tú perdonas los pecados,
> no eres implacable como ellos en su investigación.

Yo confío en el Señor y no en los líderes.
No en los slogans.
Confío en el Señor y no en sus radios.

Espera mi alma al Señor
más que los centinelas la aurora,
más que como se cuentan en la prisión las horas nocturnas.

Mientras nosotros estamos presos,
                              están en fiesta.

Pero el Señor es la liberación,
la libertad de Israel[13]

Otro ejemplo es Isaías 6 (Latinoamericano):

El año de la muerte del presidente Allende
  y de la guerra en el Medio Oriente...
  experimenté la presencia del Señor,
  Comandante en Jefe de los ejércitos cósmicos
  y Señor indiscutible de la Historia.
Los tanques de guerra, convoyes y aviones de artillería
  me parecían seres extraterrestres...
  que se sometían y postraban ante el Señor.
El ruido de los bombardeos y los aviones,
  voz de aquellos seres,
  proclamaban la potencia y autoridad del Señor.
Sentí un temblor de tierra por el retumbe de la maquinaria
  pesada.
  La atmósfera cargada de olores y humo se sentía asfixiante.
  Tuve temor y dije...
¡Ay de mí! ¡estoy perdido!
  Miren soy un hombre que no tiene por arma
  ni siquiera una granada,
  y vive en medio de un pueblo pobre, explotado
  y sin recursos alimenticios.
Al momento, un ovni como con alas de ángel vino junto a mí
  y con una voz más potente que la del ruido infernal
  del bombardeo, me dijo:
  "El poderío militar, ahora sometido a estructuras
  dictatoriales y de injusticia,
  será aniquilado.

TU PUEBLO SERA LIBERADO..."
Cuando aquellas palabras retumbaban todavía en mis oídos,
oí la voz del Señor...
"¿Quién va a preparar al pueblo?
¿Quién será nuestro profeta?"
Resueltamente contesté:
"¡Aquí estoy! Yo haré la tarea."
El dijo:
"Mira ten mucho cuidado. La tarea es difícil.
Este pueblo está alienado.
No tiene conciencia propia.
Tiene mentalidad de manada.
_____Tienen oídos y no oyen_____
_____tienen ojos y no ven_____
_____tienen mente y no piensan_____
son seres manipulados por la propaganda masiva
de una sociedad de consumo que deshumaniza al hombre.
Tu tarea concientizadora se verá frenada
por ese cáncer alienador que se acrecienta cada día
en las revistas pornográficas
   las telenovelas
   el alcohol
   las drogas
todas ellas producto del sistema..."
Y dije entonces: "¿Cuándo terminará mi tarea?"

El respondió:
"Hasta que el pueblo esté concientizado.
Hasta que los poderíos militares estén destruidos.
Hasta que la injusticia sea raída...
Tu tarea parecerá un fracaso.
Dará la impresión de una derrota total.
Pero no olvides que tú sólo eres
UN PROFETA
UN HOMBRE...

Pero no claudiques. ¡Huye de la desesperanza!...
Detrás de ti y de tu pueblo estoy yo,
EL SEÑOR...
Así como el roble después de ser cortado de cuajo
a ras del suelo, renace de nuevo y se convierte en árbol,
así tu "fracaso" y "derrota"
será semilla de justicia,
preámbulo vital de una sociedad más justa...
"¡YO, EL SEÑOR, SOY ESA SEMILLA..."[14]

Conclusión

La hermenéutica de la teología de la liberación se puede resumir en cuatro facetas. (1). Hay que reconocer la Biblia. (2). Debe dar énfasis al presente. Es preciso interpretar la Biblia en el contexto de hoy, usando como instrumento de la hermenéutica el sistema de categorías y análisis de Marx. (3). Tiene que ser vista como revelación para hoy. El hecho histórico en que se escribió por lo general no tiene importancia. (4). Es importante recordar que la teología de la liberación comienza con el presente y estudia la Biblia bajo la luz de él. Siempre pregunta: "¿Cómo se usa la Biblia en la situación de hoy?" Es un concepto *a priori* del presente. En comparación, la hermenéutica tradicional comienza con la Biblia y pregunta: "¿Qué nos dice la Biblia?"

PREGUNTAS DE DISCUSION

1. Defina "hermenéutica". ¿Cómo se relaciona la hermenéutica con la praxis?
2. ¿Cuál es el "texto principal" para la teología según Assmann? ¿Cómo se aplica este "texto" a la interpretación bíblica?
3. Describa el círculo hermenéutico.
4. ¿Qué opina de la relectura de la Biblia?

CITAS

[1] Laverne Rutschman, *Anabautismo Radical y Teología Latinoamericana de la Liberación* (San José: Editorial SEBILA, 1982), p. 41.
[2] Gustavo Gutiérrez, *Teología de la Liberación: Perspectivas* (Salamanca: Ediciones Sígueme, 1980), p. 34.
[3] Hugo Assmann, *Teología desde la Praxis de la Liberación* (Salamanca: Ediciones Sígueme, 1976), p. 102.
[4] Gutiérrez, *op. cit.*, p. 34.
[5] Ibid., p. 38.
[6] *Ibid.*,
[7] *Ibid.*, p. 28.
[8] Hugo Assmann, *Opresión-Liberación: Desafío a los Cristianos* (Montevideo: Tierra Nueva, 1971), pp. 125, 126 y *Teología desde la Praxis de la Liberación*, p. 34.
[9] José Luis Segundo, *Liberación de la Teología* (Buenos Aires: Ediciones Carlos Lohlé, 1975), pp. 12, 13.
[10] *Ibid.*, pp. 11-45.
[11] Ibid., p. 13.
[12] Rutshchman, *op. cit.*, p. 42.
[13] Ernesto Cardenal, *Salmos* (Barcelona: Editorial Pomaire, S. A.,

1976), p. 59. En la numeración de salmos en el libro citado, este salmo es Salmo 129.

[14] Edesio Sánchez C., "Isaías 6 (Latinoamericano)", *Juprecu* (La Habana: Unión Nacional de Jóvenes Presbiterianos de Cuba, XIV, 1975), pp. 8, 9.

6. La hermenéutica aplicada

Los teólogos de la liberación hacen mucho hincapié en ciertos pasajes bíblicos mientras que hacen caso omiso de otros. Siempre interpretan sus selecciones bajo los principios que se vieron en el último capítulo. Ahora se presenta la metodología aplicada en la hermenéutica en el libro del Exodo y el relato de Jesús en Mateo 25:31-46, dos de las referencias más importantes en esta teología.

El éxodo

El éxodo es el relato de la historia de Israel en el cual Dios llevó al pueblo israelita de Egipto a la Tierra Prometida. Es la base para la religión judaica. También, es un evento muy importante para los liberacionistas.

Se ve en el principio del éxodo el comienzo del proceso de una concientización.[1] Los antepasados de estos israelitas habían llegado a la esclavitud en Egipto, pero en el comienzo del éxodo, la gente se había dado cuenta de su situación. Eran esclavos. No tenían derechos. Esta gente que sentía que no tenía valor clamaba a Dios desde la esclavitud y la opresión en que se encontraba. Por su parte, Dios les escuchó y llamó a un líder, Moisés, para que les librara de su subyugación. Dijo Dios: "Bien he visto la aflicción de mi pueblo que está en Egipto, y he oído su clamor a causa de sus exactores; pues he conocido sus angustias, y he descendido para librarlos de mano de los egipcios, y sacarlos de aquella tierra a una tierra buena y ancha,..." (Exodo 3:7, 8).

Aunque los israelitas se habían percatado de su situación, el esfuerzo del éxodo no era fácil. Habían clamado a Dios por su situación. Sin embargo, cuando Moisés llegó para ayudarles, pronto se desanimaron. Luego de los primeros esfuerzos por lograr la libertad, los israelitas se indispusieron contra Moisés y se alejaron de él. No le escucharon porque la dura servidumbre que el Faraón les impuso como respuesta a la petición de Moisés (Exodo 5:6-9) había quebrantado sus espíritus (Exodo 6:9). Moisés era persistente y, al fin, los israelitas salieron de Egipto. De pronto, con la primera dificultad que enfrentaron, empezaron a quejarse contra Moisés. Le acusaron, diciéndole que les había llevado al desierto para morir. Dijeron que ellos habían tratado de informarle de esta situación antes de su salida de Egipto. Afirmaron que era mejor que fueran siervos de los egipcios que morir en el desierto (Exodo 14:11, 12). Además, dijeron que hubieran preferido la seguridad de la esclavitud en vez de las incertidumbres del proceso de la liberación (Exodo 16:3).

Como resultado, *fue necesaria* una lenta pedagogía de éxitos y fracasos antes de que Israel pudiera darse cuenta completamente de la situación real de la opresión. Antes, el pueblo no podía luchar contra ella ni comprender el sentido profundo de la liberación a que fueron llamados.[2] Hizo falta tiempo para que los israelitas entendieran que Dios (Yahvé) llamó a Israel para que saliera de Egipto y se trasladara a la Tierra Prometida —un lugar rico. El llamamiento fue para dejar la servidumbre y llegar a donde pudieran establecer una sociedad libre de miseria, aflicción y alienación. El aprendizaje no fue fácil para los israelitas.

Aspectos vinculados con el éxodo

Los teólogos de la liberación piensan que el éxodo reveló cuatro factores importantes. Fue un *evento religioso*. En la esclavitud, el dislocamiento se había introducido por razón del pecado. La injusticia y la opresión prevalecían. En el éxodo, se resolvió este problema de dislocamiento, y se determinó la diferencia entre la justicia y la injusticia, la opresión y la liberación.[3]

El éxodo también fue un *evento creativo*. En este suceso, Dios actuó para recrear. El mismo Dios que hizo el cosmos irrumpió en la historia para guiar a Israel y librarle de su enajenamiento a su liberación. Su participación en el evento era recreativa también porque lo que Dios había creado había decaído. En la primera creación, el hombre tenía la responsabilidad de trabajar. Su labor no era sagrada en el sentido de que era separada de lo secular o de la vida profana. Al contrario, era una parte integral de ella. Sin embargo, antes del éxodo, el esfuerzo del hombre se había convertido en una forma de alienación. Contribuía a la multiplicación de la injusticia y hacía más grande la brecha entre los explotadores y los explotados —los opresores y los oprimidos.

Entonces, el éxodo era una recreación porque demostraba que el dominio de la tierra por el hombre debía ser para el bien de todos los hombres y no solamente para unos pocos. Dios usaba al hombre como un participante activo en este proceso recreativo con el fin de librar a los oprimidos de sus subyugadores. Esta enseñanza es primordial en cuanto al éxodo. Dice Gutiérrez: "La liberación de Egipto vinculada, hasta la coincidencia, con la creación, añade un elemento de capital importancia: la necesidad y el lugar de una participación activa del hombre en la construcción de la sociedad. . . Trabajando, transformando el mundo, rompiendo con una situación de servidumbre, construyendo una sociedad justa, asumiendo su destino en la historia, el hombre se forja él mismo."[4]

Dios, por su parte, quiere la liberación del hombre. Es su voluntad que el hombre no sea oprimido y, por eso, llama a un dirigente para llevar a cabo la liberación que resulta en la redención de la miseria. Así, el éxodo presenta el papel de la praxis social. "Trabajar, transformar este mundo es hacerse hombre y forjar la comunidad humana, es también, ya salvar. . . Es situarse de lleno en un proceso salvífico que abarca todo el hombre y toda la historia humana."[5]

Además, es un *evento político*. Dios expresaba su amor para con los israelitas y les dio la liberación total. Así, el pueblo llegó a ser una nación santa (Exodo 19:4-16), una sociedad fraterna y justa. Esta nueva nación se hizo firme cuando Dios hizo un pacto en este evento histórico, revolucionario, y libertador. Pues, recibió su libertad política.

Es también un *evento escatológico* en que la gente se movió de la opresión a la libertad en la Tierra Prometida. Es preciso hacer notar que este evento no ocurrió en una esfera espiritual, sino en la tierra. Una vez que el pueblo había saboreado esta libertad, no tenía el deseo de volver al paraíso perdido, sino quería seguir adelante hacia una nueva ciudad.

Conclusión acerca del éxodo

¿Cuáles son algunas conclusiones que surgen de tal interpretación del éxodo? Según Robert McAfee Brown, hay tres. Primero, Dios es un Dios que toma partido. El favorece a un grupo sobre otro. Si no es así, Dios no es un Dios viviente. Segundo, si Dios se pone de parte de unos, está con los oprimidos, los atropellados y los pobres. Dios se opone a todos los Faraones del mundo. Tercero, Dios redime al hombre de las estructuras del mundo que son malas, injustas y explotadoras.[6] Aunque el señor Brown no lo dice, pudiera haber dicho también que Dios hace ese trabajo de redención por medio de los hombres, como lo hizo con Moisés.

Hugo Assmann subraya la importancia del éxodo cuando dice que este evento llegó a ser un motivo permanente para la institucionalización de una conciencia crítica y una permanente revolución cultural. Según él, el momento actual (el presente) determina cuál aspecto del éxodo recibe el énfasis en este momento y se usa en la reinterpretación.[7]

Andrés Kirk da un resumen excelente de las conclusiones de

Croatto en cuanto al éxodo. Croatto dice que el éxodo nunca se ha terminado. Está lleno de significado en que no es un evento que ocurrió una vez en la historia, sino ha inspirado a una reinterpretación constante en términos de los actos salvíficos de Dios. Así:

1. El Dios del éxodo se revela como el Dios de la minoría racial que es oprimida.
2. Por reinterpretaciones subsecuentes del éxodo, Dios se revela como el Dios de la gente oprimida, particularmente los que viven vidas deshumanizadas como resultado directo del papel de las fuerzas económicas, políticas y sociales que están más allá del control de ellos mismos.
3. La gente oprimida de hoy son los pobres del Tercer Mundo, el proletariado en una escala global.
4. El Dios del éxodo no puede negarse. Todavía escucha el clamor de los atropellados. Todavía se baja para rescatarles con un "brazo estrechado y con actos grandes de juicio" (Exodo 6:6). Todavía inspira movimientos de protesta y revolución contra los poderes que han endurecido sus corazones contra cada clamor por la recuperación de derechos.
5. La historia salvífica de Dios en el presente no pasa más por medio de Israel ni la iglesia, pero directamente por la humanidad sufriente, quien constituye principalmente, hoy, la nación elegida por Dios, su gente particular.
6. Esta humanidad oprimida será el agente de la "reconciliación" del *cosmos* entero, porque solamente los oprimidos pueden librar a los opresores.[8]

Mateo 25:31-46: El juicio de las naciones

El segundo pasaje que demuestra la hermenéutica de la teología de la liberación se encuentra en Mateo 25:31-46. Este pasaje tiene que ver con el juicio de las naciones cuando Jesús venga de nuevo. El apartará las naciones como si fueran ovejas y cabritos. Las ovejas, al lado derecho, escucharán "Venid, benditos de mi Padre, heredad el reino preparado para vosotros desde la fundación del mundo" (v. 34). Y a los de su izquierda los cabritos, dirá "Apartaos de mí, malditos, al fuego eterno preparado para el diablo y sus ángeles" (v. 41). La diferencia entre los dos grupos de naciones es que un grupo atendió a los que tuvieron hambre o que fueron forasteros, estuvieron desnudos, enfermos o en la cárcel. El otro grupo no los atendió. Jesús les dijo a los que sirvieron a los necesitados: "De cierto os digo que en cuanto lo hicisteis a uno de estos mis hermanos más pequeños, a mí lo hicisteis" (v. 40). A los que no tomaron en cuenta las necesidades de los demás, dijo: "De cierto os digo que en cuanto no lo hicisteis a uno de estos más pequeños tampoco a mí lo hicisteis" (v. 45).

Por lo general, la iglesia ha dado énfasis individual a este pasaje y no ha prestado atención al hecho de que está dirigido a las naciones. Las demandas son dirigidas a la estructura social de que todos son parte. Es la sociedad la que tiene que rendir cuentas por sus acciones y relaciones entre sí.[9] Tampoco se debe pensar que el juicio es solamente de los paganos, sino que es de todos —los paganos, los cristianos y los judíos. Es según su amor por el prójimo, especialmente a los necesitados.

La frase que es la clave en todo este relato es "mis hermanos más pequeños". Cuando Jesús habló de los hermanos más pequeños, estaba hablando de todos los necesitados, dondequiera que estén. Cristo se hizo uno con estos que necesitaban ayuda. Es importante notar que el pasaje no dice que los necesitados son cristianos; sin embargo, Cristo los vio como hermanos suyos. El se identificaba con toda la miseria humana en todos sus campos y profundidades más extremas.

Andrés Dumas, en *Los Dos Rostros,* observa cuatro enseñanzas en este pasaje. Primero, dice que Jesús está presente con los que sufren a pesar de la actitud del hombre hacia ellos. Además es Cristo quien es el más pequeño de sus hermanos. Otra vez, los pobres se identifican con Jesús, pero la identificación no es tal que los necesitados son asumidos en Cristo, sino en que ellos comparten con él en la pobreza. En última instancia, los pobres son la encarnación (personificación), manifestación y continuación visible y evidente de Cristo a nivel público e histórico. En otras palabras, los pobres son la encarnación de Cristo en el mundo actual.[10]

Gutiérrez[11] añade que hay tres verdades que se enseñan en este pasaje. Primero, el relato acentúa la comunión y la fraternidad entre los hombres y da sentido último a la existencia humana. Este aspecto presenta casi todas las características importantes en la vida cristiana. Por ejemplo, el pecado es rehusar el amor, la comunión y la fraternidad. Es rechazar el significado básico de la existencia humana. Cuando uno se niega a servir a los demás, también rechaza el amor. De la misma manera, la salvación viene por amar de la misma manera en que Dios ama. Prácticamente, una persona tiene que amar a su prójimo para ser salvo. Por eso, la salvación y la fraternidad humana están intrínsecamente relacionadas (1 Juan 4:7, 8; Gálatas 4:6). Por un lado, el prójimo es la persona más cercana, pero por el otro, para ser prójimo uno tiene que aproximarse al herido, al necesitado, para convertirlo en su prójimo (Lucas

10:29, 36). No solamente la salvación, sino también todos los aspectos de la vida cristiana tienen significado siempre y cuando se encuentren animados por la caridad o el amor cristiano (1 Corintios 13). Tal amor se expresa por su capacidad de crear condiciones fraternales de vida. Por consiguiente, tanto los cristianos, como otras personas, serán juzgados por su amor a los hombres. El juicio que viene tiene su base en la nueva ética que se deriva del principio del amor.

La segunda verdad de este pasaje es que la caridad existe solamente cuando la persona o la sociedad produce actos concretos en relación con otras personas. La fe produce obras y estas deben ser justas porque "el que hace justicia es nacido de él" (1 Juan 2:29; Santiago 2:20). La caridad es el amor de Dios en el cristiano y se manifiesta solamente en relación con otras personas. El buen samaritano fue al herido, no por cumplir una obligación religiosa, sino porque "se le revolvieron las entrañas". En gran contraste con la participación de religiosos profesionales, su acción expresó el amor encarnado.

Obviamente, entonces, la acción concreta —hacerla o no hacerla— conduce al juicio. Cuando uno da un vaso de agua, recibe la vida eterna. Pero cuando no lo hace, su paga es la muerte eterna.

La tercera verdad de este pasaje se ve en que la única manera en que se puede entrar en comunión con Dios es por medio de la mediación humana. El desarrollo de este concepto resulta en el *sacramento del prójimo*. La mediación que hace posible una relación con Dios es el "amar a su prójimo". No basta decir que ama a Dios, y también por este amor, ama a su prójimo. Hay que añadir "que el amor de Dios se expresa ineludiblemente *en* el amor al prójimo. Más todavía, a Dios se le ama en el prójimo..."[12]

Dios no es una abstracción sino una realidad que se revela en la historia donde el hombre por su parte se encuentra con el Verbo que se hizo carne. Como resultado, el encuentro con el Señor ocurre en la interrelación con los hombres, particularmente con los pobres, los marginados y los explotados. "Un gesto de amor hacia ellos es un gesto hacia Dios."[13] No obstante, el oprimido no es una ocasión, un instrumento, por el cual se pueda acercar a Dios. Así, la motivación de un encuentro con el hombre no debe ser, "por amor a Dios". En realidad, la única manera de tener un encuentro genuino con Dios es amando al prójimo por lo que es.

Los prójimos se componen de las masas y no de los individuos. El prójimo es entonces la clase social explotada, el pueblo dominado, o la raza marginada —sea por razones sociales, económicas, culturales o raciales. Esta masa es de los despojados y de los alienados, y no tienen apariencia ni presencia. Son desechados de los hombres (Isaías 53:2, 3). Se identifican con el prójimo y deben ser amados.

El amor que debe expresarse hoy es una "caridad política". El acto de dar de comer o beber es un acto político. Su significado es la transformación de una sociedad estructurada para beneficiar a los pocos que se apropian de la plusvalía de los esfuerzos de la mayoría. El beneficio se transfiere a los que son oprimidos, a los que producen. Es por los oprimidos que la salvación viene a la humanidad (Santiago 2:5). "Nuestra actitud hacia ellos, o mejor, nuestro compromiso con ellos dirá si orientamos nuestra existencia en conformidad con la voluntad del Padre."[14]

Conclusión

Se demuestra fácilmente el énfasis que la teología de la liberación da a sus bases autoritarias especialmente en encuadrar o contextualizar el presente en su hermenéutica. Ello es evidente, también, en los principios teológicos que se presentan en seguida.

PREGUNTAS DE DISCUSION

1. ¿Son las interpretaciones del éxodo y Mateo 25:31-46 como las que han escuchado antes? ¿En qué son similares? ¿En qué son diferentes?
2. ¿Cómo se conoce hoy a Cristo según los teólogos de la liberación?
3. Discuta los cuatro factores que se revelan en el éxodo bajo la luz de su entendimiento de este evento.
4. ¿Qué significa *sacramento del prójimo*?

CITAS

[1] Gustavo Gutiérrez, *Teología de la Liberación: Perspectivas* (Salamanca: Ediciones Sígueme, 1980), p. 155.
[2] *Ibid.*, p. 205.
[3] *Ibid.*, p. 206.
[4] *Ibid.*, p. 209.
[5] *Ibid.*, pp. 210, 211.
[6] Robert McAfee Brown, *Theology in a New Key: Responding to Liberation Themes* (Philadelphia: The Westminster Press, 1978), pp. 89, 90.
[7] Hugo Assmann, *Teología desde la Praxis de la Liberación* (Salamanca: Ediciones Sígueme, 1976), pp. 54-55.
[8] J. Andrew Kirk, *Liberation Theology: An Evangelical View from the Third World* (Atlanta, Ga.: John Knox Press, 1979), pp. 102, 103. (Traducción mía.)

[9] Brown, *op. cit.*, pp. 95, 96.
[10] Benoit Andrés Dumas, *Los Dos Rostros Alienados de la Iglesia Una: Ensayo de Teología Política* (Buenos Aires: Latinoamérica Libros, 1971), pp. 82ss.
[11] Gutiérrez, *op. cit.*, pp. 256-261.
[12] *Ibid.*, pp. 260, 261.
[13] *Ibid.*, p. 263.
[14] *Ibid.*, p. 265.

Parte II
UN ESTUDIO SISTEMATICO DE LA TEOLOGIA DE LA LIBERACION

7. Dios y la revelación

Hay que recordar que la teología de la liberación no es un sistema de teología en la manera que los cristianos tradicionales hablan de la teología sistemática. Es decir que la teología de la liberación no presenta sus doctrinas según los temas de Dios, revelación, creación, el hombre, pecado, salvación, la vida cristiana, la iglesia y la escatología. Se puede explicar esto porque la teología liberacionista es una teología en proceso. Además, comienza con la realidad histórica y desde allí desarrolla su pensamiento. Según los teólogos de la liberación, la teología sistemática empieza con ideas abstractas y, al fin, llega a sus conclusiones. Por eso, su metodología no es válida para hacer la teología que el mundo necesita hoy.

Por otro lado, es necesario recordar que este libro es una introducción a la teología de la liberación. La mayor parte de las personas que buscan una guía a este tema han sido disciplinadas para pensar en términos de la teología sistemática. Para que puedan captar el sentir de otro tipo de teología, es necesario expresar la nueva doctrina según los patrones de pensamiento de los lectores. Por esta razón, ahora se tratan algunas de las creencias de ese movimiento teológico según la forma usada en la teología sistemática, aunque esto pueda ser forzado.

Dios

En muchas instancias, los teólogos de la liberación dan por sentado a Dios. No hay intento alguno por describir sus atributos, ni por establecer quién es. Aunque uno trata el tema como filósofo,[1] la mayoría de los teólogos que el autor de este libro ha estudiado ignora este aspecto de la teología. No formulan preguntas tales como ¿Quién es Dios? ¿Cómo se le puede describir? Quizá, Gutiérrez en su libro *Teología de la Liberación* representa el pensamiento de sus colegas.[2]

Se reconoce que Dios es trascendente y universal. Vive en el cielo. Un templo no puede contenerlo. Está en todas partes. Este concepto no está bien desarrollado. Puede ser que el Dios trascendente no es tan importante para el movimiento, o tal vez como dice Juan Carlos Scannone, "El Dios trascendente es pensado todavía... como 'cosa' (en sí), aunque teóricamente incognoscible."[3]

La enseñanza más importante es del Dios quien siempre ha estado presente con su pueblo. Durante el tiempo del éxodo, Dios era el Dios de la montaña (1 Reyes 20:28). La gente miraba a Dios en el Sinaí, y cuando Moisés quería estar en la presencia de Dios, subía hasta allí (Exodo 19; 24:12; Deuteronomio 10:1).

Cuando los israelitas construyeron una tienda que les acompañaba en sus giras, entendieron que Dios estaba presente en ese lugar. Cada vez que Israel necesitaba instrucciones de Dios, Moisés hablaba con él allí (Exodo 32:7-11). El arca de la alianza también representaba la habitación de Dios con su pueblo (Números 1:1).

El monte, la tienda y el arca subrayaron que el Dios quien estaba presente, aún más era un Dios móvil. Acompañaba a Israel en todas sus experiencias históricas. Cuando Israel llegó a Canaán, estos conceptos de Dios comenzaron a cambiar. Los israelitas vieron a Dios presente solamente en esta Tierra Prometida. David, por ejemplo, temía la expulsión de su país por Saúl porque no quería estar lejos de Yahvé, su Dios (1 Samuel 26:19, 20). Al principio por todo Canaán había lugares determinados como santuarios de Dios pero cuando se construyó el templo, y especialmente después de la reforma deuteronómica, el único santuario oficial estuvo en Jerusalén.

En su tiempo, los profetas comenzaron a señalar que Dios no estaba limitado a una estructura material (Jeremías 5:16). Según Isaías, Dios se hacía presente en los pobres y en los conflictos. Jeremías concluyó que Dios infundiría su espíritu en los hombres y haría que ellos se condujeran según sus preceptos, y observaran y practicaran sus normas. Dios estaría en el corazón de cada hombre (Isaías 66:1, 2 y Jeremías 31:33).

El clímax del concepto de Dios presente en cada persona se realizó en la encarnación de Jesucristo. Como Gutiérrez observa sobre el Evangelio de Juan, "Aquel Verbo fue hecho carne, y habitó (puso su tienda) entre nosotros" (Juan 1:14). Además, Jesús habló de sí mismo como el templo de Dios (Juan 2:19, 21). Los apóstoles, como Pablo y Pedro, entendieron que Dios estaba presente en la persona de Jesús (Colosenses 2:9; 1 Pedro 2:4-8). A la vez, Pablo habló de la comunidad cristiana como templo de piedras vivas y observó que cada miembro de esta comunidad era el templo del Espíritu Santo (1 Corintios 3:16, 17; 1 Corintios 6:19). Al fin, esta idea llegó a una conclusión lógica cuando dijo que cada persona es el templo de Dios. Según Gutiérrez, la experiencia de Cornelio es clara en este aspecto. Cornelio, una persona no judía, recibió el

Espíritu Santo (Hechos 10:45, 46; cf. 11:16-18). Por esta razón, las palabras de Jesús en Juan 14:23 se aplican a cada persona. Por eso, muchas personas constituyen el templo de Dios. Lo que era visible en Jesús será verdadero en cada hombre.

Es importante enfatizar que este proceso no consistía en una "espiritualización", sino en un acercamiento. Como Gutiérrez dice:

> El Dios hecho carne, el Dios presente en todos y cada uno de los hombres no es más "espiritual" que el Dios presente en el monte, en el templo... No es más "espiritual", pero sí es más cercano y, a la vez, más universal, más visible y, simultáneamente, más interior. Desde que Dios se hizo hombre, la humanidad, cada hombre, la historia, es el templo vivo de Dios vivo. Lo "profano", que está fuera del templo, no existe más.[4]

En este sentido, Adolfo Ham Reyes de Cuba concluye que Dios es el Libertador, o como dice: "Toda la historia de los hechos de Dios en el mundo, se caracteriza por su voluntad de liberar."[5] El no es un Dios *pantócrator,* guardián, ni garantizador del orden establecido de opresión. Va delante, tomando el partido de los oprimidos aun para llevar a cabo cambios justicieros y revolucionarios. Su meta es la autorrealización del hombre.

En una declaración que es lo más cerca de una Confesión de Fe que hay entre los teólogos de la liberación, Ham Reyes afirma que

> El Dios de la Biblia y de la fe cristiana es el Señor de la historia. Es un Dios político que se revela en los eventos históricos y por antonomasia en los liberadores. Es el Dios de avanzada, que va adelante, retándonos a seguir por el camino de la liberación. Antes que un dios "tapahuecos", es el gran problematizador de la existencia humana, que nos hace romper con las nostalgias de la infancia y desfataliza la historia.[6]

La revelación

La doctrina de la revelación se interesa en la manera en que Dios se manifiesta al mundo. En la marcha histórica del cristianismo, se ha entendido que el hombre puede conocer la revelación de Dios por medio de la Biblia. Algunos teólogos de la liberación comparten esa aseveración. Por ejemplo, José P. Miranda dice que si uno piensa en identificar su pensamiento con las enseñanzas cristianas, tiene que incluir la revelación bíblica en su desarrollo teológico.[7]

Uno puede concluir que la sospecha hermenéutica de la Biblia, que ya se ha discutido, determina que esta revelación es de segunda categoría. Así, la más importante sería la historia. Es cierto que los teólogos de la liberación sostienen que el Dios que se revela en la Biblia continúa revelándose en el mundo de hoy. Entonces, es menester que el hombre contemporáneo sea tan sensible que pueda descubrir las nuevas manifestaciones de Dios en el proceso de la liberación o, en otras palabras, "los signos de los tiempos". Con todo, hay que recordar que Dios no puede contradecirse. El es quien liberó de la opresión en el éxodo y, por medio de Jesús, trabaja hoy en esta misma historia salvífica. Mientras que se busca la presencia de Dios en los eventos de hoy, debe advertirse que Dios se descubre primeramente en el mensaje bíblico.[8]

El mejor "signo de los tiempos" de hoy es el hombre, especialmete los oprimidos. Por medio del prójimo, se puede conocer a Dios. Aquí está el clímax de la revelación.[9]

PREGUNTAS DE DISCUSION

1. ¿Qué quiere decir "cada persona es templo de Dios?" ¿Es el universalismo?
2. Distinga entre la espiritualización y acercamiento de Dios.
3. Según los teólogos de la liberación, ¿Cómo es Dios liberador?
4. ¿Cuál es el factor más importante en la revelación? Explique cómo la Biblia es de segunda categoría en la revelación.

CITAS

[1] Juan Carlos Scannone, *Teología de la Liberación y Praxis Popular* (Salamanca: Ediciones Sígueme, 1976) p. 187.

[2] Gustavo Gutiérrez, *Teología de la liberación: Perspectivas* (Salamanca: Ediciones Sígueme, 1980), pp. 243ss.

[3] Scannone, *op. cit.*, pp. 193, 194.

[4] Gutiérrez *op. cit.*, p. 250.

[5] Adolfo Ham Reyes, "Hermenéutica y Revolución", *Cristo Vivo en Cuba: Reflexiones Teológicas Cubanas* (San José: Departamento Ecuménico de Investigaciones, 1978), pp. 118, 119.

[6] Adolfo Ham Reyes, "La Misión de la Iglesia y de la Teología en la Cuba de Hoy", *Cristo Vivo en Cuba: Reflexiones Teológicas Cubanas* (San José: Departamento Ecuménico de Investigaciones, 1978), pp. 31, 32.

[7] Citado en J. Andrew Kirk, *Liberation Theology: An Evangelical View from The Third World,* (Atlanta, Ga.: John Knox Press, 1979), p. 39.

[8] Serverino Croatto, "Liberación y Libertad: Reflexiones Hermenéuticas en Torno al Antiguo Testamento", *Revelación Bíblica* (I, 1973), p. 3.
[9] *Supra,* pp. 65-70.

8. El hombre

"¿Quién es el hombre?" La manera en que la teología de la liberación contesta esta pregunta es muy interesante. Por un lado, el hombre es central en su pensamiento. Como se ha notado anteriormente, es o bien el oprimido o bien el opresor. A la vez, es el camino por el cual la humanidad puede conocer a Dios. Tiene su clímax en que Dios mismo se historizó cuando se hizo hombre. Se entiende también que Dios se expresa en la vida de cada persona. Por otro lado, la doctrina del hombre es tan sobreentendida que casi no hay un desarrollo definitivo del concepto en los escritos teológicos de la liberación.

El hombre en la imagen de Dios

No hay duda de que Dios creó al hombre y lo hizo a su imagen y semejanza. Se encuentra esta imagen en todos los hombres y les da un sentir de majestad real. En comparación con otras religiones que dicen que solamente los reyes reciben esta imagen y que la realizan en su coronación, el Antiguo Testamento enseña enfáticamente que toda persona recibe esta imagen de Dios en la creación. Subrayada en este concepto está la idea de que cada persona es rey desde el comienzo de su creación. Entonces, no debe tener que entrar en la opresión porque solamente por la opresión puede perder esta imagen de Dios. Nunca debe perder esta majestad.

Además, el hombre en la imagen de Dios fue creado para gobernar o dominar al mundo.[1] De acuerdo con lo antedicho, Croatto afirma que el hombre es el patrón de la tierra. Tiene el derecho y el deber de dominar la creación mediante su cultivo y domesticación. Sin embargo, ninguno tiene el derecho de actuar aislado ni egoístamente para hacer lo que le plazca. No es el individuo quien se enseñorea sobre la tierra y todo lo que en ella hay. Al contrario, es la humanidad, o los hombres trabajando en unión, la que tiene el privilegio de dominar su entorno. De esta manera, el hombre puede cumplir más. En equipos, el hombre desarrolla ciencias tales como la arqueología y la metalurgia

(Génesis 4:17-22). Siendo el hombre quien realiza la imagen majestuosa de Dios por sus esfuerzos en armonía con otros hombres, debe recordar que ninguna persona tiene el derecho de dominar a otras personas. Cada uno posee esta imagen, y no debe tener que perderla por ser oprimido.[2] Gutiérrez da un buen resumen de este concepto cuando dice: "Dominar la tierra como lo prescribe el Génesis, prolongar la creación, no tiene valor si no es hecho en favor del hombre. Si no está al servicio de su liberación, solidariamente con todos los hombres, en la historia."[3]

El hombre no es solamente creado a la imagen de Dios como ser real para gobernar la creación, sino que también Dios lo creó como ser libre. Desde Adán y Eva, el hombre ha sido libre para tomar decisiones y desarrollarse. Esta libertad se expresa en el hombre que vive en la historia. Es este hombre que está a la imagen de Dios y es el responsable de su propio destino.

El hombre creado a la imagen de Dios fue el ápice de la creación. Cuando Dios creó al hombre, le dio la capacidad de crear. En realidad, Dios cesó de crear y cedió al hombre los poderes creativos. La actividad del hombre en la creación se expresa en términos de autorrealización, libertad y fraternidad. Mientras el hombre use su libertad en esta creación, muestra a otros la labor creativa continua de Dios.[4]

El hombre alienado y cambiado

Como se ha visto, Dios creó al hombre con fines creativos los cuales él podía ejercer libremente. Al no cumplir con este propósito, se alienó de Dios. Su trabajo llegó a ser servil y deshumanizante.

Todavía es así. En vez de que el hombre sea más hombre, es cada vez menos. Una vez que se ha enajenado, el hombre está sujeto al pecado, la ley y la muerte. Vive en opresión y esclavitud. Se interesa más y más en poseer cosas materiales. En este estado, es incapaz de crear, transformar su naturaleza o relacionarse en una forma positiva con sus compañeros de la humanidad. Como resultado, el hombre empieza a dominar a sus camaradas al contrario de todo lo que Dios intentó al crearlo.[5]

Así es el hombre alienado, el viejo hombre del cual habla la Biblia. Hay una manera para cambiar esta condición, que se ve más tarde bajo la discusión de la salvación. Cuando se libra de ser un ser oprimido, llega a ser el templo de Dios. Como dice Gutiérrez, "El Espíritu enviado por el Padre y el Hijo para llevar la obra de salvación a su pleno cumplimiento, habita en cada hombre..."[6]

Resumen

Adolfo Ham Reyes describe al hombre concisamente:

El ser humano se concibe como un compañero de Dios en su obra creadora del mundo y de la historia. No se ve como en el idealismo como un espíritu encarcelado por la materia, sino como una unidad sicosomática. El hombre es radicalmente corpóreo, y es en la acción, el trabajo, en donde se realiza lo humano. Al mismo tiempo el ser humano hace historia y se realiza en ella, formando un mundo más humano, humanizando la propia naturaleza, y siendo la llamada dimensión religiosa no otra cosa que su responsabilidad total e integradora frente a la evolución humanizadora del cosmos, que tiene su inevitable divergencia con la historia del espíritu.[7]

PREGUNTAS DE DISCUSION

1. ¿Cómo se explica la imagen de Dios en el hombre? ¿Cómo puede el hombre perder esta imagen?
2. ¿Cuándo está libre el hombre?
3. ¿Cuál es el efecto de estar alienado de Dios?

CITAS

[1] Gustavo Gutiérrez, *Teología de la Liberación: Perspectivas* (Salamanca: Ediciones Sígueme, 1980), pp. 209, 374.
[2] Severino Croatto, *Liberación y Libertad: Pautas Hermenéuticas* (Buenos Aires: Ediciones Mundo Nuevo, 1973), pp. 63-70.
[3] Gutiérrez, *op. cit.*, p. 209.
[4] Severino Croatto, "El Hombre en el Mundo según Génesis", *Revelación Bíblica* (I, 1973), p. 45.
[5] Gutiérrez, *op. cit.*, p. 374.
[6] *Ibid.*, p. 249.
[7] Adolfo Ham Reyes, "*La Misión de la Iglesia y de la Teología en la Cuba de Hoy*", *Cristo Vivo en Cuba: Reflexiones Teológicas Cubanas* (San José, Departamento Ecuménico de Investigaciones, 1978), p. 32.

9. El pecado

Cualquier movimiento teológico que tome en serio su tarea tiene que tratar el pecado del hombre. El cristianismo tradicionalmente ha identificado el pecado como condición humana que rompe la relación entre Dios y el hombre y da como resultado la depravación y servidumbre del hombre. Por su parte, la teología de la liberación tiene un enfoque distinto, por lo menos en grado.

La caída del hombre (el origen del pecado)

Aunque la caída del hombre no es el mayor énfasis entre los teólogos de la liberación, ha desarrollado dos teorías sobre el origen del pecado. Una se basa en Génesis 3 y la otra en Génesis 4. El relato en Génesis 3 dice que Eva comió de la fruta prohibida y después se la entregó a Adán. Hicieron eso debido a la tentación provocada por la serpiente. En este acto de desobediencia, ellos pecaron, y el estado del pecado entró en la humanidad.

La razón por la que la vida humana tomó ese rumbo derivaba de las ambiciones del hombre. Quería ser como los dioses —divino. Su propio egoísmo le urgía a buscar la manera de llegar a ser como Dios. Por supuesto, el hombre no podía llegar hasta esta meta y cuando trató de alcanzarla al comer de la fruta, perdió su capacidad de "ser más" o "sentirse en casa" en el universo. Llegó a ser alienado, especialmente porque cesó de amar a sus prójimos, y comenzó a vivir una vida cargada de ansiedad porque enfrentaba una existencia sin significado y sin confianza. Perdió su autonomía como criatura.[1] En este sentido, Gutiérrez dice: "El pecado en tanto que ruptura con Dios es una realidad histórica, es quiebra de comunión de los hombres entre ellos, es repliegue del hombre sobre sí mismo. Repliegue que se manifiesta en una multifacética postura de ruptura con los demás."[2]

Es por su propio egoísmo que el hombre peca. Por razón de este amor propio, es autorresponsable. No puede atribuir su adversidad a su destino, sino al egoísmo y la codicia que se expresan por el deseo de tener más y más poder o autoridad sobre sus hermanos.[3] Por otro lado, Ham Reyes lo explica al decir que "Pecar es fundamentalmente la negativa a comprometerse en esta historia liberadora de Dios y que significa igualmente rechazar a Dios como Señor de la 'alianza que es vida y paz'. En este sentido el pecado primordial no es el orgullo, sin ser reaccionario."[4]

La segunda teoría en cuanto a la caída del hombre se encuentra en Génesis 4. La experiencia de Abel con Dios creó celos en Caín, su hermano, quien al fin mató a Abel. En este relato, el origen del pecado es el rechazo absoluto de quien está más cerca. Es el rechazo del prójimo. Como dice Miranda, este suceso da origen al pecado porque es la ocasión original en que uno rehúsa amar. Este pecado rechaza la comunión y la fraternidad y niega el significado básico de la existencia humana. El origen del pecado no está en el acto de Adán contra Dios, sino en el acto de Caín contra Abel. Es un acto de un hombre en contra de otro.[5] La ruptura de la relación entre los hombres no se puede interpretar como un defecto en la creación. El hombre no fue creado como asesino, sino que las injusticias que él hace son responsabilidades propias.

Así, según el relato en Génesis 4, el pecado original no es el rechazo de Dios ni es el deseo de llegar a ser como dioses. Entonces no es expresión de desconfianza. En vez de esto, el pecado es la injusticia entre personas que da como resultado la deshumanización.

Pecado: ruptura social

El pecado, dice Gutiérrez, es, "en efecto, negarse a amar a los demás y, por consiguiente, al Señor mismo".[6] Cuando se rechaza el amar, la persona trae o lleva a cabo una ruptura de amistad entre ella y Dios y las otras personas.

A la larga, entonces, el pecado es comunitario y no individual. La ruptura del compañerismo con Dios y con otros no es sólo una realidad humana, sino que también es social e histórica. Como dice Gutiérrez:

> No se trata, en la perspectiva liberadora, del pecado como realidad individual, privada e intimista, afirmada justo lo necesario para necesitar una redención "espiritual", que no cuestiona el orden en que vivimos. Se trata del pecado como hecho social, histórico, ausencia de fraternidad, de amor en las relaciones entre los hombres, ruptura de amistad con Dios y con los hombres y, como consecuencia, escisión interior, personal.[7]

La expresión del pecado

El pecado se expresa por medio de la pobreza y las estructuras opresivas. La explotación del hombre por el hombre, la dominación y la esclavitud de personas, razas y clases sociales se expresan en miseria e injusticia social. Estas injusticias —sean sociales, políticas, económicas o culturales— son el equivalente del rechazo del Señor; son pecados.[8] Por razón de ellos, el hombre necesita la salvación.

PREGUNTAS DE DISCUSION

1. Compare entre las teorías de origen del pecado que tienen su base en Génesis 3 y Génesis 4. ¿Cuál le parece más razonable?
2. ¿Cómo es que el pecado es una ruptura social? ¿En este sentido, es todo pecado cooperativo o comunitario?
3. ¿Cuáles son las expresiones de pecado que son mencionadas? ¿Hay otras?

CITAS

[1] Severino Croatto, *Liberación y Libertad: Pautas Hermenéuticas* (Buenos Aires: Ediciones Mundo Nuevo, 1973), pp. 119, 120.

[2] Gustavo Gutiérrez, *Teología de la Liberación: Perspectivas* (Salamanca: Ediciones Sígueme, 1980), p. 198.

[3] *Ibid.*, p. 239; Croatto, *op. cit., pp. 14, 15*.

[4] Adolfo Ham Reyes, "La Misión de la Iglesia y de la Teología en la Cuba de Hoy", *Cristo Vivo en Cuba: Reflexiones Teológicas Cubanas* (San José: Departamento Ecuménico de Investigaciones, 1978), p. 32.

[5] José P. Miranda, *Marx y la Biblia* (Salamanca: Ediciones Sígueme, 1975)m pp. 89, 90, 281.

[6] Gutiérrez, *op. cit.*, p. 66.

[7] *Ibid.*, pp. 236, 237.

[8] *Ibid.*, p. 150.

10. La salvación

En el tratamiento del pecado, se advirtió que el pecado tiene un fuerte aspecto social. Los teólogos liberacionistas hacen mucho énfasis en el pecado corporativo en el que cada persona en la sociedad es culpable de la situación opresiva actual por el solo hecho de ser parte de la sociedad. La salvación es análoga. Puede tener aspectos individuales, pero generalmente, se refiere a la salvación de la sociedad en sí.

Salvación definida

Hasta este momento se ha entendido que la salvación es la liberación de los oprimidos de cualquier situación opresiva en que exista. Esta definición es básica, breve y buena; sin embargo, es demasiado amplia. Debemos ver ahora esta doctrina con más profundidad.

La pobreza en la salvación

Aunque el pecado se expresa en la pobreza, hay que ver también que la pobreza tiene un valor redentor y aun es un testimonio de la salvación. Al hacerse pobre, uno puede actuar movido por el amor para trabajar por la liberación. No hay duda que la explotación y la alienación del hombre han llevado a la pobreza a muchas personas. También es cierto que por amor, el hombre puede hacer un compromiso voluntario con los pobres que sufren miseria e injusticia. Puede identificarse con los pobres, hermanarse con los marginados de la sociedad, el proletariado, que está luchando por sus derechos más básicos. Puede unificarse con la clase social explotada y despojada. El tomar el puesto del pobre, no implica que se está idealizando la pobreza, sino que se está dando testimonio de la maldad que ha resultado del pecado y la ruptura de la comunión. Al tomar esta posición, la persona ayuda a los pobres y explotados en la concientización de su situación y les ayuda a llegar a buscar liberación de ella. Expresa su amor y solidaridad y, a la vez, protesta contra la pobreza. Entonces la salvación, en este sentido, es salvación mediante el amor y la unificación con los hombres sufrientes. Es lucha contra el egoísmo humano que ha dividido a los hombres. Es lucha contra lo que los ricos han hecho. Es lucha contra la opresión. Pero es más, es la liberación del hombre de este estado de pobreza en este mundo.[1]

La salvación en la Biblia

El primer acto de la salvación en la Biblia fue la creación, una parte del proceso salvífico. En la creación, Dios inició la historia y su propia gesta salvífica —porque cuando creó al hombre, el esfuerzo humano comenzó. En la creación, Dios se revelaba como creador y redentor, y él predestinaba a unos para que fueran sus hijos (Isaías 43:1; 42:5, 6; Salmos 74, 89, 135; Efesios 1:3-5 et al.). Es importante notar que en el proceso de la salvación en Génesis era el hombre quien iba a dominar la tierra y continuar la creación. En tal proceso, no habría ningún valor si no fuera hecho para el bienestar de la humanidad, y si no contribuyera a la liberación en solidaridad con otros en la historia.[2]

En el éxodo, la salvación se presenta como la liberación de los israelitas de la opresión en Egipto. Es una acción política —"la ruptura con una situación de despojo y de miseria, y el inicio de la construcción de una sociedad justa y fraterna. Es la supresión del desorden y la creación de un nuevo orden".[3]

También, Cristo es parte del movimiento salvífico. El lleva la acción redentora a su pleno cumplimiento. Su acto en el mundo como hombre fue una acción redentora y recreativa. El hizo una nueva creación, y por medio de él, hay liberación del pecado y de todas sus consecuencias como el despojo, la injusticia y el odio. Pues en Cristo, todos los hombres son librados para continuar su vocación creativa de trabajar por la transformación del mundo. En su esencia entonces, la salvación por medio de Cristo es la construcción de una sociedad humana que sea justa, tranquila y fraternal.[4]

Salvación ahora

La salvación o la liberación consiste en algo que la sociedad puede recibir concretamente en este mundo y ahora mismo. Es la transformación que lleva a cabo el reino de Dios en el mundo y lleva al hombre a su plenitud en Cristo. Así, la salvación no es *ultramundana*. Es comunión de los hombres con Dios y con los demás hombres. Es la liberación del pecado en el sentido de que libera al hombre de un repliegue egoísta sobre sí mismo. Quita el problema que crea que el hombre se niegue a amar a los demás. La salvación por medio de Cristo es la liberación del hombre del pecado que es la raíz última de toda ruptura de amistad, de toda injusticia y opresión, y le ayuda a vivir en comunión fraternal con otras personas y con Dios.[5]

La salvación y la ley

Se ha notado que la salvación es la liberación del hombre de cada tipo de alienación. Pero según Miranda, es específicamente la liberación de la ley que se define como la estructura entera de la cultura y la situación social (Gálatas 1:4; 4:5). Pablo quería un mundo sin la ley porque la ley había fallado ante la historia humana en sus esfuerzos por alcanzar lo último en justicia. Así, la ley siempre es un estorbo.

En la resurrección, Cristo rompió la cadena de la ley opresiva y llegó a ser libre de la estructura —moral, legal, cultural, social, religiosa y cúltica. Así, la salvación consiste en creer más en Dios y recibir la liberación que Cristo recibió que en creer en la civilización y en la ley humana.[6]

La salvación universal

En la teología de la liberación se entiende que cualquier hombre que se abre a Dios y a los demás puede ser salvo. Esta salvación es válida para los cristianos y los no cristianos. Es válida para todos los hombres.[7] Cuando todos tengan esta salvación, el reino de Dios habrá llegado al mundo.

PREGUNTAS DE DISCUSION

1. Defina la salvación según la teología de la liberación.
2. ¿Cómo sirve la pobreza a la redención?
3. ¿Cuáles son los tres actores de la salvación que los teólogos liberacionistas encuentran en la Biblia?
4. ¿Cuándo se realiza la salvación?

CITAS

[1] Gustavo Gutiérrez, *Teología de la Liberación: Perspectivas* (Salamanca: Ediciones Sígueme, 1980), pp. 383-386.

[2] *Ibid.*, pp. 201-206.

[3] Gutiérrez, *op. cit.*, p. 204.

[4] *Ibid.*, pp. 208, Orlando Costas, *The Church and Its Mission: A Shattering Critique from the Third World* (Wheaton, Ill.: Tyndale House Publishers, Inc., 1974), p. 234.

[5] Gutiérrez, op. cit., pp. 66, 69, 197.
[6] José P. Miranda, *Marx y la Biblia* (Salamanca: Ediciones Sígueme, 1975), pp. 187-192.
[7] Gutiérrez, op. cit., p. 196.

11. La cristología

La teología de la liberación no ha desarrollado bien una cristología. Es un factor reconocido por unos de sus teólogos como Assmann quien dice que la doctrina de Cristo es una de las doctrinas más débiles o menos desarrolladas en esta teología.[1]

Presuposiciones

Siendo que la cristología no está bien desarrollada, hay conceptos que se dan por sentados en este movimiento. Por ejemplo, de modo pasajero, Gutiérrez menciona que Jesús era rico y estaba con su padre en el palacio celestial. Sin embargo, dejó todo para entrar en el mundo humano (Filipenses 2:6-11).[2] Además, este autor supone la vida, muerte y resurrección de Cristo. Otros hacen referencia a estos eventos sin tratar de desarrollar su significado. Se acepta la encarnación sin preguntas.

La importancia de la encarnación

El Cristo, rico en la presencia de Dios, llegó a ser pobre e "hizo suyas todas las consecuencias de la condición pecadora de los hombres"[3] para librarlos de este estado opresivo. El hombre en su pecado necesitaba una liberación radical. Por eso, Cristo llegó al mundo

> por amor y solidaridad con los hombres que... padecen [la condición pecadora] y para redimirlos del pecado, para enriquecerlos con su pobreza, para luchar contra el egoísmo humano, contra todo lo que divide a los hombres, contra lo que hace que haya ricos y pobres, propietarios y no propietarios, opresores y oprimidos.[4]

La liberación que él lleva es el don de redención que ha hecho posible por su muerte y resurrección.[5]

El encuentro con Cristo

Gutiérrez afirma que se puede encontrar a Cristo por medio del encuentro con los hombres, especialmente con los oprimidos, despojados y alienados. Es por medio de ellos que se recibe la salvación. Es posible porque Cristo no es solamente "un individuo privado". Es también "lo sagrado" que no es limitado por los lugares de culto. Se le encuentra en la relación que tiene con los marginados. "Un gesto de amor hacia ellos es un gesto hacia Dios."[6]

Cristo revolucionario

Adolfo Ham Reyes toma una posición más extremista cuando escribe:

> Jesucristo el obrero, el pobre, el hermano mayor, ajusticiado por el *status quo,* por oponerse a él mediante un complot que unió a la religión con los representantes del invasor romano imperialista. Vivió revolucionariamente el amor, en su prédica denunció la explotación y proclamó el advenimiento de una nueva sociedad revolucionaria (el reino de Dios) que exige la formación del hombre nuevo. El gran momento cristológico de la encarnación es una de las premisas más importantes de la iglesia cubana. Encarnación supone no sólo presencia sino exigencia y compromiso. Así como Jesucristo se encarnó plenamente en el mundo de su época, nosotros... nos encarnamos en nuestra sociedad. La resurrección de Jesucristo significó el triunfo y la vindicación de su causa. Es la seguridad del triunfo de la causa de la justicia y de los pobres frente a todas las maquinaciones de los imperialistas,... Jesucristo es nuestro compañero de luchas, es el "Cristo Guerrillero" para los pueblos en lucha revolucionaria y para nosotros es el "Cristo Revolucionario", miembro anónimo de nuestro Partido Comunista y que acompaña a nuestro pueblo en la realización de la revolución.[7]

Conclusión

Jesucristo es el hijo de Dios que se hizo carne, vivió, murió y resucitó para salvar a la humanidad de su condición opresora. Se identifica aún hoy con los pobres y anda con los que luchan por la liberación de los oprimidos. Como va a verse después, esta revolución puede ser violenta o no violenta.

Lo importante, para José Míguez Bonino, es que uno no puede construir tal cristología en un laboratorio teológico ni en un invernáculo devocional. Se desarrolla empíricamente solamente donde los cristianos celebran y confiesan su consagración firme a la liberación del hombre. No hay otra manera de conocer a Cristo.[8]

PREGUNTAS DE DISCUSION

1. ¿Cómo se puede conocer a Cristo, según Míguez Bonino?
2. ¿Cómo está Cristo presente en el mundo de hoy?
3. ¿Con qué propósito fue la encarnación de Cristo?
4. ¿Qué opina del concepto de Ham Reyes en cuanto a Cristo?

CITAS

[1] Citado por J. Andrew Kirk, *Liberation Theology: An Evangelical View from The Third World* (Atlanta, Ga.: John Knox Press, 1979), p. 50.

[2] Gustavo Gutiérrez, *Teología de la Liberación: Perspectivas* (Salamanca: Ediciones Sígueme, 1980), p. 383.

[3] *Ibid.*, p. 385, cita 48.

[4] *Ibid.*, p. 383.

[5] *Ibid.*, p. 228.

[6] *Ibid.*, pp. 262, 263.

[7] Adolfo Ham Reyes, "La Misión de la Iglesia y de la Teología en la Cuba de Hoy", *Cristo Vivo en Cuba: Reflexiones Teológicas Cubanas* (San José: Departamento Ecuménico de Investigaciones, 1978), p. 32.

[8] José Míguez Bonino, *La Fe en Busca de Eficacia* (Salamanca: Ediciones Sígueme, 1977), pp. 202, 203.

12. La iglesia

Probablemente en la doctrina de la iglesia más que en cualquier otro concepto que presentan los teólogos de la liberación, se encuentra algo de la teología anterior de estos pensadores. Si es católico, su concepto de la iglesia refleja este preconcepto. Por lo general, es lo mismo si el teólogo es protestante. Sin embargo, hay dentro de la teología de la liberación ciertos desarrollos de la iglesia que uno debe tomar en cuenta si pretende entender este movimiento.

¿Qué es la iglesia?

Quizá la definición más sucinta de la iglesia que los teólogos de la liberación han propuesto es la de Ham Reyes cuando escribe: "La iglesia es pues, ese pueblo que prosigue en la sociedad la liberación que Dios hizo por Jesucristo en el mundo."[1] De igual importancia es la definición que da Ricardo Chartier. Se entiende que la liberación es sociopolítica y que el pueblo es militante y sacerdotal. Se da para la liberación de otros. Este profesor de la Facultad Evangélica de Teología en Buenos Aires dice que la iglesia es la gente de Dios; pero aún más, es "la continuación de la encarnación de Cristo". Esto quiere decir que la iglesia se identifica y llega a estar en solidaridad con el mundo en que vive. Hace un contacto válido con el mundo y vive en él. Como la representación de Cristo, la iglesia actúa como la conciencia de la sociedad y por medio de una crítica profética.[2]

Para Leonardo Boff y Gutiérrez, la iglesia es un sacramento. Boff ve que la iglesia como sacramento es también instrumento y signo. Es instrumento porque es sociedad perfecta que tiene el fin sobrenatural de llevar la salvación al mundo que vive fuera de ella. Es signo que se encuadra en una perspectiva histórica de la salvación única y universal. La iglesia es el signo donde se condensa la salvación y la presenta en las dimensiones de todo el mundo.[3] Como sacramento, la iglesia es instrumento y signo perfecto para completar esta tarea entendiendo que la historia salvífica se realiza de maneras diferentes en las diferentes esferas del mundo y de la iglesia.

Para Gutiérrez, la iglesia es un sacramento de la salvación que viene por medio y dentro de la iglesia. La salvación no es garantía de la entrada en el cielo. En vez de eso, es una realidad que ocurre en la historia; y en ésta, la iglesia debe ser el lugar de salvación o, como se ha visto, de la liberación. Así, la existencia de la iglesia no es "para sí", sino "para otros". No debe existir para aprobar un orden social injusto, sino debe romper con éste e identificarse con la experiencia presente porque "concebir a la iglesia como sacramento de la salvación del mundo, hace más exigente su obligación de transparentar en sus estructuras visibles el mensaje de que es portadora".[4]

Para unos, la iglesia verdadera es un remanente dentro del remanente. Es decir, que las estructuras eclesiásticas que existen no sirven, y que Dios está usando un grupo dentro de la iglesia como su iglesia real.[5] Dom Helder Cámara de Brasil dice que es inútil apelar a las instituciones actuales. Sin embargo, en cada lugar hay minorías con la capacidad de amor y justicia y es ese grupo lo que es la iglesia. Son éstos los que son llamados a servir a su prójimo. Escuchan la voz de Dios. Tienen esperanza cuando parece que no hay razón para esperar. Van sin saber adonde. Este remanente o minoría está en el ejemplo de Abraham o la minoría abrahámica.[6] Según Gutiérrez, la razón para este desarrollo es que hoy la iglesia se ha vinculado demasiado con el sistema social existente.[7]

La tarea de la iglesia

Gutiérrez añade que la tarea de la iglesia en América Latina es la *denuncia* profética de cada situación deshumanizante que es contraria a la fraternidad, la justicia y la libertad. A la vez, la iglesia debe criticar toda sacralización de las estructuras opresoras que ella misma ha podido construir. Esta denuncia de injusticias sociales debe ser hecha públicamente. También, la iglesia debe funcionar por *anunciar* "el amor del Padre que llama a todos los hombres en Cristo y por la acción del Espíritu, a la unión entre ellos y a la comunión con él".[8] Cuando uno anuncia el evangelio, proclama el amor de Dios que está presente con la humanidad en su devenir histórico. Sin excepción, el mensaje evangélico revela lo que está en la raíz de la injusticia social —la ruptura de la fraternidad que tiene su base en la relación que los hombres tienen como hijos de Dios.[9]

Para ser iglesia hoy, la organización tiene que tomar una posición clara con respecto a la situación actual en cuanto a la injusticia social y el proceso revolucionario. Se dedica a abolir la injusticia y forjar un orden más humano. Así, la iglesia tiene que desvincularse del sistema social vigente y salir de esta protección para entrar en el mundo y producir cambios. La iglesia primitiva rompió relaciones con la cultura de aquel entonces para dar la posibilidad de la salvación a cada hombre. Trabajó así para librar al hombre de la opresión. La práctica cambió cuando la iglesia comenzó a recibir la protección del gobierno romano y a definir la salvación como acto de fe en Cristo. El ejemplo para la iglesia de hoy en su búsqueda de servir a otros y no a sí misma es la iglesia primitiva. En esta manera, puede alcanzar su propósito de lograr unión con Dios y la unidad de toda la humanidad.[10]

Joaquín Beato opina que el ejemplo debe ser más antiguo cuando dice que el ministerio de la iglesia debe ser profético al estilo de los profetas del Antiguo Testamento. Su tarea es la de ofrecer una interpretación del movimiento histórico y revolucionario para que el hombre viva bajo la luz del propósito total de Dios. La iglesia debe ser el vocero y mediador de los humildes —los que se encuentran en un estado de inferioridad por causa del mal orden social.[11] Chartier está de acuerdo, y afirma que la tarea de la iglesia es un ministerio social que no necesariamente tiene el fin de asegurar una mejor receptividad del evangelio. Debe trabajar para unir la sociedad fragmentada o, quizá aún más directamente, debe asumir la responsabilidad para transformar las estructuras de ella a fin de que pueda llegar a una sociedad responsable y caracterizada por la libertad, la justicia y el orden.[12]

La iglesia en relación con el mundo

Gutiérrez dice que la iglesia debe dirigirse hacia el mundo porque en éste se encuentran a Cristo y a su Espíritu sirviendo activamente. Por eso, la iglesia debe ser habitada y evangelizada *por el mundo*. En adición, debe desarrollarse una teología del mundo porque realmente la iglesia debe ser una entidad mundial en vez de ser tan espiritual que no puede identificarse con el mundo.[13] La iglesia debe ser profética, y esto no indica que se conserva, se estabiliza o se adapta. Al contrario, la iglesia profética tiene el deber de ser "andarina, viajera constante, siempre muriendo y siempre renaciendo".[14] Es la que "se compromete con las clases sociales dominadas con el fin de transformar radicalmente la sociedad".[15]

Si la iglesia va a cumplir con esta tarea, tiene que ver la importancia de su papel político. No puede ser neutral. Como dice Assmann, "Cualquier fuga de la iglesia hacia una pretendida apoliticidad es desmentida por un realismo sociológico: es algo imposible."[16] No sólo la iglesia sino también el pastor debe actuar en política. Su preparación debe incluir este aspecto y su ministerio debe revelarlo. Si no lo hace, no es un profeta verdadero.[17]

¿Debe existir la iglesia?

Rubem Alves de Brasil critica a la iglesia por su predicación de un evangelio individualista e indica que la iglesia tiene el derecho de existir solamente cuando es crucificada. Toma su cruz y muere por medio del ministerio social que tiene un carácter sacramental. Para él, la mayor prioridad es la acción social aunque tiene que ser por la revolución. En este contexto, Alves observa que el desafío de la iglesia es renunciar a su propia vida para beneficiar al mundo. La iglesia tiene que arriesgarse a morir por el bienestar de la humanidad, especialmente cuando el propósito de Dios para el hombre y la sociedad se encuentra en peligro. Esta crucifixión puede aparecer como derrota total, pero solamente al participar de este riesgo puede ella encontrar seguridad. Solamente por medio de la cautividad puede llegar a ser libre y comenzar a vivir —no para sí misma, sino para el mundo.[18]

Aunque los teólogos liberacionistas en Cuba dan importancia a la iglesia, la critican porque ella ha sido dominada por la ideología imperialista y capitalista. Vive en la "cautividad sociológica de la iglesia". Si va a ocupar un puesto profético e importante en el mundo actual, tendrá que autoliberarse. Su salvación es posible por una purificación interna en que pierde la identificación con los opresores para llegar a ser liberadora; por el repensar de su teología para corregirse y definir su misión; por optar sin vacilación a favor del socialismo y por rehabilitar a sus miembros socialmente para que participen en el desarrollo del pueblo.[19]

Hay otros que piensan que Dios ha desechado a la iglesia como hizo con Israel. La gente escogida son los pobres, los oprimidos, y este grupo se identifica con el reino de Dios.[20]

En esta teología no queda duda de que la iglesia, si tiene derecho de existencia, tiene que comprometerse en la liberación socio-política. Pues, es así como viene la salvación.

PREGUNTAS DE DISCUSION

1. ¿Qué significa la iglesia para usted? Compare sus definiciones con la de los liberacionistas.
2. Según Boff y Gutiérrez, la iglesia es sacramento. ¿Cómo?
3. ¿Cuáles son las tareas de la iglesia? ¿Puede usted añadir algunas otras que no se mencionan en este capítulo?
4. ¿Debe existir la iglesia?

CITAS

[1] Adolfo Ham Reyes, "La Misión de la Iglesia y de la Teología en la

Cuba de Hoy", *Cristo Vivo en Cuba: Reflexiones Teológicas Cubanas* (San José: Departamento Ecuménico de Investigaciones, 1978), p. 30.

[2] Ricardo Chartier, "Modos de la Relación entre la Iglesia y la Sociedad", *Cristianismo y Sociedad* (I, 1963), p. 63.

[3] Leonardo Boff, *La Vida Religiosa en el Proceso de la Liberación: Una Experiencia a Partir de la Periferia* (Salamanca: Ediciones Sígueme, 1980).

[4] Gustavo Gutiérrez, *Teología de la Liberación: Perspectivas* (Salamanca: Ediciones Sígueme, 1980), p. 335. Véase pp. 325-362.

[5] Juan Luis Segundo, *Liberación de la Teología* (Buenos Aires: Ediciones Carlos Lohlé, 1975), p. 142. Véase 140-157.

[6] Dom Helder Cámara, *Espiral de Violencia* (Salamanca: Ediciones Sígueme, 1970), p. 71.

[7] Gutiérrez, *op. cit.*, pp. 334, 335.

[8] *Ibid.*, p. 346.

[9] *Ibid.*, pp. 345, 347.

[10] *Ibid.*, pp. 333, 334, 342.

[11] Joaquín Beato, "La Misión Profética de la Iglesia Evangélica en América Latina", *La Naturaleza de la Iglesia y Su Misión en Latinoamérica* (Bogotá: Comisión de Latina, 1963), pp. 27, 28.

[12] Chartier, *op. cit.*

[13] Gutiérrez, *op. cit.*, pp. 334, 335.

[14] Paulo Freire, "Educación, Liberación e Iglesia", *Teología Negra: Teología de la Liberación* (Salamanca: Ediciones Sígueme, 1974), p. 46.

[15] *Ibid.*, p. 43.

[16] Hugo Assmann, *Teología desde la Praxis de la Liberación* (Salamanca: Ediciones Sígueme, 1976), p. 96.

[17] Israel Batista Guerra, "Falsos y Verdaderos Profetas", *Cristo Vivo en Cuba: Reflexiones Teológicas Cubanas* (San José: Departamento Ecuménico de Investigaciones, 1978), p. 138.

[18] Rubem Alves, "Injusticia y Rebelión", *Cristianismo y Sociedad* (II, 1964), p. 48.

[19] Sergio Arce Martínez "Cristo y la Liberación Social", *Cristo Vivo en Cuba: Reflexiones Teológicas Cubanas* (San José: Departamento Ecuménico de Investigaciones, 1978), pp. 40-51.

[20] Véase, CCPAL, *La Naturaleza de la Iglesia y Su Misión en Latinoamérica* (Bogotá: Iqueima, 1963). *Supra*, p. 64.

13. La vida cristiana

No se puede estudiar la teología de la liberación sin darse cuenta de que la vida cristiana es central en todo el movimiento. Ya se ha visto que el cristiano es quien ama a su prójimo y busca su mejoramiento al librarlo de la opresión. El amor es radical y produce acción. El tipo de acción depende del concepto del teólogo.

La vida no violenta

José Míguez Bonino puntualiza que Jesús rechazó el papel de dirigente mesiánico de una revolución armada. Escogió la vía de la cruz. No fue por accidente que tomó esta decisión, sino que tenía sus raíces en el auto entendimiento de Jesús en cuanto al ser el siervo sufriente de Dios. Además, dirigió su comunidad en el mismo camino de la no violencia.

Por esta razón, el cristiano debe renunciar a la autodefensa y a su deseo por tener el poder. En vez de esto, debe ofrecerse e identificarse con los oprimidos y para el beneficio de todos como señales de la nueva época de la liberación y justicia.[1] Esto quiere decir que no hay lugar para guerras divinas o cruzadas como las de la Edad Media, sino que llama a los cristianos para usar todas sus capacidades racionales para llevar a cabo la liberación de los oprimidos.

Dom Helder Cámara se opone a la violencia como el método de efectuar el cambio social. Después de todo, la violencia atrae a la violencia y la guerra es absurda. Como se ve en Gandhi, hay otra solución.[2]

Vida violenta

Mientras que unos teólogos de la liberación proponen que la vida cristiana sea no violenta, otros piensan que la única manera de cumplir con la meta de traer la liberación al mundo es por una revolución violenta. Opinan que América Latina no puede esperar la evolución de los cambios y menosprecian el concepto de que la sociedad puede cambiarse por el cambio de los corazones de los hombres.

Emilio Castro es uno de los que toman en cuenta la necesidad de la revolución violenta, aunque su posición es más moderada que la de los demás. Por ejemplo, él da lugar a una salvación personal y reconoce que hay personas que tratan de alcanzar la salvación personal para escapar de la responsabilidad social. Sin embargo, cree que el cristiano no debe aislarse y refugiarse en su piedad personal ni huir de la contaminación del mundo para llevar a cabo su propia salvación. No puede haber una dicotomía entre salvación personal y participación en asuntos sociales y políticos. El cristianismo fiel no busca un escape, porque reconoce que se anuncia verdaderamente a Jesucristo solamente cuando está metido en la revolución social.[3]

Gonzalo Castillo Cárdenas, por su parte, reconoce que la revolución puede ocurrir en paz, pero no elimina la posibilidad de una revolución violenta. Dice que la revolución es la forma de obtener una orientación social que permite la práctica del amor al prójimo, no solamente en una manera ocasional y transitoria ni tampoco solamente por los pocos, sino permanentemente y por la mayoría de los prójimos. Por eso, la revolución es obligatoria para los cristianos quienes ven que es la única manera para expresar su amor al prójimo.[4] En la misma manera o quizá más radicalmente, Hiber Conteris dice que un cambio radical es inevitable en una sociedad tradicional como la de América Latina. Dice, además, que el cambio tendrá que venir por la revolución y con una ruptura gigantesca por la violencia.[5] Este cambio tendrá que llegar violentamente, según Hugo Assmann, porque las culturas y los establecimientos no cambian fácilmente. Por eso, el cristiano debe reconocer su responsabilidad de tomar armas para librar a los oprimidos. Dice: "No existe ninguna opción entre violencia y no violencia. Sólo existe una situación de violencia que determina todo lo demás."[6] Néstor Paz añade que la revolución no es solamente permitida, sino que es obligatoria para los cristianos. Es la única manera efectiva y completa de hacer que el amor por todos sea una realidad.[7]

Se debe notar que el amor puede expresarse por oprimir a los no oprimidos porque es la única forma de liberar tanto a los opresores como a los oprimidos. No solamente esto, sino también que la violencia es parte del acto creativo, porque en la actualidad, la creación en cualquier medio es violenta. Es una afirmación en contra de lo que existe, de lo que lo limite. La creación así es la única libertad porque destruye las cosas que limitan. La creación por medio de la violencia es para crear algo que no lo limita a uno.[8] Uxmal Livio Díaz Rodríguez de Cuba hace un estudio de pasajes tales como Lucas 9:54; 13:1; 22:36, 37; 23:2 y Hechos 5:36, 37 para concluir que "la revalorización actual de la figura de Jesucristo a la luz de la Escritura, nos confirma su carácter militante en contra del 'status quo' y como un luchador denodado contra los opresores en favor de los oprimidos".[9] La iglesia, por su parte, tiene que seguir en estos pasos. No puede servir a las riquezas ni a los poderosos. Su deber es a favor de los antiimperialistas. Dios no le "ha dado otra alternativa".[10] ¿Y cómo? —por la revolución tal como fue hecho en Cuba.[11]

Conclusión

Los teólogos de la liberación hacen hincapié en el hecho de que cada cristiano debe comprometerse en la transformación de la sociedad tradicional. Se da por sentado que la sociedad, tal como es, es mala, y el cristiano no puede quedarse quieto en medio de esta situación. No hay duda, entonces, que el cristiano tiene que participar en la sociedad y en la política. La diferencia consiste solamente en si la participación debe ser por medios violentos o no violentos.

PREGUNTAS DE DISCUSION

1. ¿Es la revolución posible solamente por la violencia?
2. Distinga las diferencias en la presentación de la acción cristiana en formas violentas y no violentas. ¿Cómo ve usted a Cristo en cuanto a la violencia?

CITAS

[1] José Míguez Bonino, *La Fe en Busca de Eficacia* (Salamanca: Ediciones Sígueme, 1977), pp. 150-152.
[2] Dom Helder Cámara, "The Force of Right, or the Right of Force", *Mission Trends No. 3: Third World Theologies* (New York: Paulist Press, 1976), pp. 77-83 y *Espiral de Violencia* (Salamanca: Ediciones Sígueme, 1970.)
[3] Emilio Castro, "En Busca de la Estructura Misionera de la Congregación", *Cuadernos Teológicos* (XIII, 1964), p. 85.
[4] Gonzalo Castillo Cárdenas, "Christians and the Struggle for a New Social Order in Latin America", (ponencia presentada a la Conferencia Mundial de Iglesias y Sociedad, Ginebra, 1966), pp. 5, 6.
[5] Hiber Conteris, "El Rol de la Iglesia en el Cambio Social de América Latina", *Cristianismo y Sociedad* (III, 1965), p. 57.
[6] Hugo Assmann, *Teología desde la Praxis de la Liberación: Ensayo Teológico desde la América Dependiente* (Salamanca: Ediciones Sígueme,

1976), p. 206, y Hugo Assmann, "Aspectos Básicos de la Reflexión Teológica en América Latina", *Teología Negra: Teología de la Liberación* (Salamanca: Ediciones Sígueme, 1974), pp. 89ss.

[7] Néstor Paz, "Mystic, Christian, Guerrilla", *Mission Trends No. 3: Third World Theologies* (New York: Paulist Press, 1976), pp. 111-117.

[8] José Míguez Bonino. "Violence: A Theological Reflection", *Mission Trends No. 3: Third World Theologies* (New York Paulist Press, 1976), pp. 118-126.

[9] Uxmal Livio Díaz Rodríguez, "Cristo y la Liberación de la Iglesia", *Cristo Vivo en Cuba: Reflexiones Teológicas Cubanas* (San José: Departamento Ecuménico de Investigaciones, 1978), p. 107.

[10] *Ibid.*, p. 108.

[11] *Ibid.* Se encuentra este mensaje en una forma directa o indirecta en todo el libro.

14. La escatología

La escatología se refiere técnicamente al estudio de las últimas cosas —la muerte, el juicio, el cielo, el infierno, la segunda venida de Cristo, el fin del mundo, la resurrección de los muertos y el reino de Dios. Un ligero estudio de la teología de la liberación concluiría que la escatología tiene poca importancia o bien que la labor de liberación del hombre basta por completo para lograr el reino de Dios en la tierra. Para la mayor parte de los representantes de este movimiento, ello no es así.

Escatología realizada

Entre los teólogos de la liberación, algunos proponen una escatología realizada. Un representante de ellos es José Porfirio Miranda, de México. Usando la tradición sinóptica como base, expresa dudas acerca de una escatología orientada hacia el futuro. Solamente es significativa cuando uno trabaja para llevar la justicia, paz y fraternidad al mundo o cuando puede realizar el reino de Dios en el presente. La llegada del reino de Dios tiene valor si es una realidad ahora. El cristiano proclama el evangelio, busca la liberación de la opresión, para alcanzar el reino en este momento en la historia.[1]

El reino de Dios

Otros teólogos de la liberación no comparten con Miranda el punto de vista de la escatología realizada. Assmann dice: "El reino de Dios jamás se identifica con las estructuras del mundo, pero se inserta y desenvuelve en ellas como un proceso."[2] Es un proceso en que hay tensión entre el "ya" y el "todavía no". Siempre está presente y a la vez más allá. Esa idea del reino tiene la ventaja de que "prohíbe al cristiano identificar cualquier proyecto histórico concreto con el reino en sí".[3]

Gutiérrez explica este concepto al decir que la realidad escatológica es una realidad intrahistórica. Se realiza parcialmente en acontecimientos históricos liberadores y que, a la vez, esperan un cumplimiento pleno. Cuando Cristo dio sus promesas escatológicas, fue con el propósito de dar sentido y cumplimiento histórico en el presente. También, son para catapultar la historia hacia adelante. Finalmente, "el encuentro pleno con el Señor pondrá fin a la historia, pero se da ya en la historia".[4]

Dos lecciones son obvias para Gutiérrez. Primero, no se puede identificar el cumplimiento de las promesas escatológicas con una u otra realidad social. Por eso, el papel del cristiano debe ser uno de "permanente desinstalación", desapegados de la historia en tal manera que no prohíbe el progreso hacia la realización del Reino. Segundo, el cristiano debe estar comprometido en la lucha por un mundo justo porque tal participación es también la lucha por el reino de Dios.[5]

La participación en el reino de Dios es un deber cristiano. No es un objeto que debe ser descubierto, según Míguez Bonino. Es un llamado, una misión, que demanda acción cultural, económica y política. Aunque el Reino tiene características futuras, el evangelio manda al cristiano que participe en la historia de tal manera que modifique cualitativamente a la existencia humana en el presente. Así, comparte en el reino de Dios hoy.[6]

La utopía

Hay esperanzas, según los teólogos liberacionistas, que se realizarán por medio de la *utopía*, que es el vocablo usado "para designar el proyecto histórico de una sociedad cualitativamente distinta y para expresar la aspiración al establecimiento de nuevas relaciones sociales entre los hombres... Es un elemento dinámico del devenir histórico de la humanidad".[7]

Aunque la utopía es futurista, lo que la hace viable es el presente. La posibilidad de utopía llama a la humanidad a la acción de denunciar el orden existente y anunciar lo que será. Entonces, se realiza por medio de la praxis. Si no lleva a la acción, no es la utopía auténtica, sino engañosa. Como la verdadera, surge con una nueva energía en momentos de crisis y transición. Es el nervio de la creatividad y dinamismo y cumple una transformación radical, una revolución cultural. Esta acción resulta en la nueva humanidad donde hay un encuentro entre la liberación política y la comunión de todos los hombres con Dios. Tal comunión implica la liberación de los pecados.[8]

Conclusión

En todo su desarrollo escatológico, la teología de la liberación habla de lo presente y lo futuro. La meta se realizará en el futuro por la actividad humana en el presente. En ambos casos —en el presente y el futuro— todos los eventos escatológicos ocurren en la historia.

PREGUNTAS DE DISCUSION

1. ¿Cómo se diferencia el desarrollo escatológico de los liberacionistas y el cristianismo tradicional?
2. ¿Qué es la teología realizada? ¿Cree la mayor parte de los teólogos de la liberación en este concepto? Si su contestación es "No," muestre la diferencia.
3. Defina "utopía", ¿Dónde va a existir? ¿Quién la lleva a la realización?

CITAS

[1] José p. Miranda, *Marx y la Biblia* (Salamanca: Ediciones Sígueme, 1975), p. 247 y *El Ser y el Mesías* (Salamanca: Ediciones Sígueme, 1973), pp. 195ss.
[2] Hugo Assmann, *Teología desde la Praxis de la Liberación* (Salamanca: Ediciones Sígueme, 1976), p. 154.
[3] *Ibid.*, p. 156.
[4] Gustavo Gutiérrez, *Teología de la Liberación: Perspectivas* (Salamanca: Ediciones Sígueme, 1980), p. 225.
[5] *Ibid.*, pp. 225, 226.
[6] José Míguez Bonino, *La Fe en Busca de Eficacia* (Salamanca Ediciones Sígueme, 1977), pp. 161-182.
[7] Gutiérrez, *op. cit.*, p. 309.
[8] *Ibid.*, pp. 309-315.

Parte III
CONCLUSIONES

15. Una crítica de la teología de la liberación

En las páginas anteriores se ha presentado un estudio sobre la teología de la liberación. Ahora es importante tratar de enfocar los puntos positivos y negativos que se ven en el movimiento. A la vez, se debe tratar de reconocer cuál es el papel de los cristianos en el mundo que vive en crisis.

Contribuciones positivas de la teología de la liberación

Para los que han estudiado la teología de la liberación, ha habido la tendencia de pensar que todo es malo o todo es bueno. Ha sido difícil tratar de ver ambos aspectos —lo positivo y lo negativo. Sin embargo, existen estos dos aspectos, y esta sección se dedica a presentar siete contribuciones positivas de esta teología.

Primero, es una voz clamando en el desierto de dolores y opresión. Vivir en América Latina es darse cuenta de las grandes diferencias de clases en la sociedad. En cualquier parte se puede ver la pobreza, la opresión por falta de educación y grandes necesidades sociales y culturales. Por lo menos, esta teología grita para despertar las conciencias y buscar ayuda. Es un deber de todos los cristianos escuchar este clamor y, hasta donde sea posible, ayudar a los que experimentan estas necesidades tan grandes.

En segundo lugar, esta teología está convencida de que el cristianismo debe tener interés en las masas. Es cierto que en tiempos pasados se ha hecho énfasis casi siempre en el individuo. La teología de la liberación llama a la cristiandad para que vea la sociedad en sí con sus problemas y sus injusticias. Es una voz profética que debe señalar al cristianismo que no puede ignorar más estas situaciones. A pesar de que algunos de los teólogos niegan la importancia de la iglesia y aun proponen que Dios ha pasado por alto a la iglesia para aceptar a la gente pobre como la gente escogida, la mayor parte de los teólogos dicen que la iglesia debe ser sensible a las masas y a sus necesidades. Enseña a la iglesia que no puede practicar el favoritismo que da más importancia a las personas que tienen posición y poder que a "los más pequeños de mis hermanos".

En tercer lugar, este movimiento de liberación da énfasis al mundo en el contexto de hoy. La religión cristiana ha cedido demasiadas veces frente a una u otra tentación. O ha hecho hincapié en el mundo del pasado, pensando solamente en el Jesús que vivió hace casi dos mil años o se ha dedicado a pensar mayormente en el futuro cuando Jesús venga por segunda vez. Los teólogos de la liberación sirven para recordar a la iglesia que vive en un mundo real, con personas reales, con problemas reales, y que el pueblo de Dios debe tener una palabra de él para la situación actual.

En cuarto lugar, hay que notar que esta teología ha servido y sirve para ayudar a la iglesia a entender que Dios funciona en, por y para la historia. Siendo que el Espíritu trabaja en el mundo contemporáneo, es lógico concluir que él se manifiesta por acciones cristianas. Especialmente en la creación, el éxodo, y la primera venida de Jesús. Dios entró *en* la historia humana *para* el beneficio del hombre y *para* redimirlo de su condición pecaminosa. Es cierto que el autor de Hebreos dice que Dios hablaba muchas veces en los tiempos pasados y, en aquella época, había hablado por medio de Jesús (Hebreos 1:1, 2). Pero no hay textos que enseñen que Dios dejó de participar en la historia luego de la ascensión de Jesús. Todavía Dios se interesa en el hombre y sigue extendiendo su mano a quienes reciben su mensaje y su ayuda. El instrumento que escogió para cumplir su tarea fue la iglesia, el cuerpo de Cristo. Todavía lo es. La liberación da a este hecho un nuevo enfoque.

Quinto, por medio de este movimiento, el cristianismo debe escuchar el llamado a reformarse. La misma iglesia siempre tiene la tendencia de adaptarse y acomodarse y aun identificarse con la sociedad en que vive, aunque tenga conceptos y prácticas que no puedan aprobarse. Durante la Edad Media, la iglesia y la sociedad llegaron a ser tan inseparables que la iglesia llegó a ser el mayor opresor. Perdió la visión de su tarea redentora en el mundo. Consecuentemente, era necesaria una reforma en la iglesia. Probablemente, la iglesia del siglo XX ha llegado a semejante identificación con el mundo en que vive y cuando la iglesia hace esto, deja de ser una voz profética. La teología de la liberación funciona para concientizar a la iglesia. Si tiene éxito en este campo, la iglesia de nuevo se dará cuenta de que tiene que estar en el proceso de reforma. Solamente por este medio puede la iglesia llegar a ser el filo cortante en la sociedad.

En sexto lugar, esta teología llama a sus adherentes a la acción. Aunque estemos en desacuerdo con su forma de actuar y aun con sus acciones, tenemos que admirar que no se pueda ser liberacionista y pasivo a la vez. Por demasiado tiempo, demasiadas personas han aceptado los principios cristianos sin ponerlos en la práctica. Las iglesias contemporáneas pueden aprender, en cierta medida, de la teología de la liberación. La causa de Cristo tiene validez y demanda que los cristianos vivan como vivía su Señor.

Séptimo, uno de los énfasis más positivos de esta teología es que se presenta al evangelio como liberación. Uno se salva por liberar a los demás y también por ser liberado en sus propias acciones. Por esta razón, todo el Tercer Mundo es consciente de la liberación, y, aún más, algunos están listos a morir por la causa de la liberación sociopolítica. Esta realidad debe servir como señal a la iglesia para que los cristianos vean la importancia de predicar la libertad del pecado y la libertad para una vida abundante que Dios ofrece a toda la humanidad.

Conceptos que provocan preguntas

Hay ideas en la teología de la liberación que preocupan al cristiano que da importancia al pecado original e individual y que cree que la salvación del hombre viene por medio de lo que Dios hizo en Jesucristo. Entre estas enseñanzas de los teólogos de la liberación, está el pensamiento de que el hombre puede salvarse por amar a su prójimo y por trabajar activamente en llevar a cabo la libertad a los oprimidos. Dicho así, esta teología es el humanismo en ropa nueva. Uno no puede negar que el humanismo ha contribuido mucho en los avances que la humanidad ha hecho. Sin embargo, hay que reconocer que nunca en la historia se ha visto que el hombre o la humanidad pueda salvarse de su condición opresiva o pecaminosa. La salvación siempre viene por medio de Dios al hombre, como se ve en el éxodo y la obra de Jesucristo. Es por gracia y fe a fin de que el hombre no pueda jactarse.

Otra inquietud que se presenta en la teología de la liberación es su manera de hacer hermenéutica. Se comienza con la situación actual, el análisis de Marx y las ciencias sociales en vez de estudiar la Biblia con la pregunta "¿Qué dice nuestro Dios?" Como dice Robert McAfee Brown, la situación histórica de ahora puede ahogar el texto de la Biblia.[1] Tiene un concepto hermenéutico *a priori* que les lleva prácticamente a ignorar el hecho histórico del texto. En esta condición, el intérprete del texto está en peligro de practicar la *eiségesis* en lugar de la *exégesis*. En otras palabras, fácilmente puede imponer sus propias ideas al texto en vez de hacer posible que el texto le hable. Su tratamiento de la interpretación bíblica sigue, en muchas maneras, en los mismos pasos de grupos como los Mormones que creen que hay una nueva revelación.

Además, hay que preocuparse por el hecho de que los teólogos de la liberación hablan demasiado de lo material. Critican a los capitalistas por el énfasis que dan a lo material al punto de oprimir a los pobres. Tienen razón en criticarles. Sin embargo, el énfasis que dan los liberacionistas a lo material evoca la pregunta de que si ellos también están acaso acercándose a la idolatría materialista. El mismo Jesús que extendió la mano a los pobres y a los enfermos también reconoció que había necesidades más grandes que lo material. Por esta razón, no solamente dijo al hombre, "Toma tu lecho y anda", sino también le dijo aun antes: "Te perdono." El mismo Jesús quien dio comida a los cinco mil hombres, tomando dos pescados y cinco panes, también es el mismo que dijo que el hombre no vive sólo de pan.

Muy semejante a este concepto es la idea que estos teólogos proponen que la única solución a los problemas de la humanidad es por medio del socialismo. Han criticado muchísimo la manera en que la iglesia occidental se ha relacionado con el capitalismo. Inclusive, critican a uno de los reformadores por su participación en la formación de este sistema político. Sin embargo, la actividad promovedora del capitalismo de los reformistas no fue nada en comparación con la participación de los teólogos de la liberación en el socialismo. Es posible que hayan caído en la misma trampa de identificarse con un sistema así. Si se acepta su sistema marxista de análisis y se cree que las sociedades están constantemente en cambio, también hay que hacer la pregunta: "Cuando pase este énfasis del socialismo, ¿cuál va a ser la crítica en contra de los teólogos de la liberación que habrán identificado este sistema socio-político con el movimiento cristiano?"

Otra vez, hay que plantear preguntas sobre su concepto de Dios. Por un lado, esta teología ha sobrehistorizado a Dios hasta el punto de que casi le ha puesto al nivel del hombre. Claramente se ve esto en el hecho de que han quitado de Dios sus poderes creadores para entregarlos a los hombres. De esta manera, limitan las actividades de Dios en su propia creación. También, se ve en el hecho de que Dios es conocido, no tanto en lo transcendente como en la manera en que él está en el hombre. Por otro lado, se ha presentado al Dios que toma partido siempre al lado de los oprimidos. ¿Cómo se relaciona este concepto de Dios con la revelación del Nuevo Testamento de que Dios ama a todos tanto que dio a su Hijo Jesús para morir en la cruz por todos? ¿Cómo se explica la enseñanza de que no hay diferencias en personas o que Dios no hace distinciones entre personas?

Además, la teología liberacionista ha perdido el énfasis de una redención espiritual del éxodo. No hay duda de que este evento es una liberación de una nación de la esclavitud. Las preguntas persisten. "¿Es el éxodo nada más que liberación sociopolítica?" "¿Qué del énfasis que la Biblia da a la relación que los israelitas deben tener con Dios?" "¿Cómo podían los mismos hebreos oprimir a los pueblos en Canaán que no les habían oprimido?" "¿No es cierto que los propósitos principales son que Israel fuera el pueblo de Dios y el Señor fuera el Dios de Israel, y por medio de esta nación, todas las naciones recibieran bendiciones por conocer a Dios?" Estas preguntas, y aún más, demandan respuestas por parte de los liberacionistas.

Uno de los problemas más graves es su concepto del pecado. Para la mayor parte, el pecado ha perdido su dimensión personal y también de ser una transgresión, especialmente en la relación con Dios. Prácticamente el pecado queda reducido a la omisión que cometen las personas o la sociedad cuando no se comprometen en la liberación. Así, el pecado es social, porque es la sociedad la que no ataca los problemas de la humanidad. El pecado es, entonces, una ruptura en la relación entre los hombres. Y no es tanto un rompimiento en la relación entre Dios y el hombre. Lo que ellos dicen, en cuanto al pecado es, en parte, correcto. Pero hay que admitir que el pecado no es solamente omisión; es también transgresión. No es solamente una característica de la sociedad; es también del individuo. No es solamente una ruptura entre hombres; es también una ruptura de relaciones entre el hombre y Dios.

Lo que dicen estos teólogos en cuanto al pecado se relaciona con la salvación. La salvación es terrenal, ocurre en este mundo. La salvación es por medio del prójimo y se determina por la manera en que los hombres se relacionan. Otra vez, se advierte cierta verdad en estas cosas. Sin embargo, es solamente parte de la verdad porque la salvación real y básica es cerrar la brecha existente entre Dios y el hombre.

Además, algunos de los teólogos de la liberación identifican a los oprimidos con el pueblo de Dios. Es seguro que son criaturas de Dios y él les ama. También, ha dejado enseñanzas bíblicas para el bienestar de los pobres y otros oprimidos. Por otro lado, no hay ninguna indicación de que Dios ha sobrepasado a la iglesia para formar otro pueblo de Dios. No es lógicamente admisible llegar a la conclusión de que Dios, en la misma forma reemplazó a la nación de Israel con la iglesia, también ha sustituido a ésta con los oprimidos. Tal concepto no toma en cuenta el aspecto del pacto que fue hecho por medio de Jesucristo ni las palabras de Jesús que dicen que la iglesia es la esposa de Cristo, su propio cuerpo, ni que las puertas del hades pueden prevalecer contra ella.

Otra vez, en la práctica muchas veces sus esfuerzos hacia la concientización —y aun el cambio en la sociedad— crean odio bajo el nombre del amor. A veces, la meta de una sociedad transformada tiene más importancia que el método que usa para lograr su fin. Sin embargo, la teología de la liberación no solamente apunta a los problemas en que los hombres oprimidos viven, sino también crea en ellos emociones mediante prejuicios o verdades parciales para animarles a una revolución. ¿Está bien oprimir a unos para librar a otros? ¿Cómo se relaciona el gran mandato de amor, el Sermón del monte y aun el evangelio en sí con tal comportamiento?

Surge otra pregunta porque no toda opresión viene por medio de otros hombres. Hay circunstancias ajenas a la actividad humana. Eventos tales como terremotos e inundaciones que ocurren por razones naturales. La enfermedad y la muerte no respetan a personas porque todos tienen que enfrentarlas. ¿Qué dice la teología de la liberación al respecto? Claro, puede decir a los no afectados que deben estrechar la mano para aliviar el sufrimiento, pero ¿qué dice a la persona que sufre? ¿Dónde está el consuelo? ¿Qué esperanza puede ofrecerle al sufriente en estos casos?

Aunque se acepta que los teólogos de la liberación sean sinceros y cristianos, hay que cuestionar la influencia que el movimiento tiene en otros cristianos, no muy firmes en su fe. El énfasis que esta teología da a la praxis sociopolítica, que excluye casi totalmente las enseñanzas sobre una experiencia personal e íntima con el Señor Jesucristo, puede ser interpretada de tal manera que se entienda que la relación personal no tiene importancia. Para iglesias o individuos que no han encontrado una relación significativa con Jesús y no saben casi nada de la vida abundante, esta teología puede inducirles a pensar que la actividad práctica puede sustituir a la relación espiritual con Cristo.

¿Qué puede hacer el cristiano al enfrentar la teología de la liberación?

Primero, el cristiano puede y debe mantener una relación vital con el Señor. Su propio crecimiento espiritual y su capacidad de relacionarse con el mundo positivamente depende de la manera que anda con Dios.

Segundo, el cristiano puede escuchar lo que la teología de la liberación está diciendo. Objetivamente, puede tratar de entender las necesidades de la humanidad y compartir su interés de cambiar situaciones injustas. A la vez que reconoce que el hombre es más que lo material, debe reconocer que el cristiano tiene la responsabilidad de tratar al hombre entero. Esto incluye lo material y la situación en que él vive tanto como lo espiritual.

Tercero, el cristiano debe buscar respuestas para estas situaciones a la luz de la Biblia y en oración al Señor Jesucristo. Hay pasajes suficientes, como el libro de Amós, que pueden guiar al cristiano en su entendimiento de su labor social tanto como su labor espiritual. El cristiano debe enfrentar la Biblia esperando que la palabra de Dios le hable y que le guíe por los pasos de Dios para aliviar los problemas del mundo en que vive. Dios tiene una palabra para hoy. El mundo y Dios esperan que los cristianos sean la voz profética al mundo actual.

Cuarto, los teólogos cristianos que no están convencidos que la teología de la liberación tiene la última palabra deben desarrollar una teología opcional. Muchos cristianos buscan una alternativa a la teología de la liberación. Quieren pautas espirituales que les ayuden a ser buenos cristianos en un mundo de sufrimiento, ansiedad y opresión. Desean comprometerse en los esfuerzos para producir cambios. A la vez, no creen que deban dejar lo que ellos piensan es la base de la fe —la necesidad del hombre para reconciliarse con Dios por medio de Jesucristo. Además, deben escribir sobre el tema porque la intensidad y sinceridad de los teólogos de la liberación en hacer su tarea implica que no tengan mentes cerradas a los conceptos distintos de los suyos, y porque el deseo de dialogar honestamente es el carácter del verdadero teólogo.

Quinto, el cristianismo debe seguir adelante predicando el evangelio del amor de Dios y la salvación de toda persona que entrega su vida a Jesús en la fe. A pesar de las críticas que hacen en contra de este concepto los teólogos de la liberación, es preciso notar que en la historia el evangelio ha cambiado las circunstancias sociales. Por ejemplo, la mujer dejó definitivamente de ser un simple objeto propiedad del varón, más y más cada día asume una posición de igualdad con el hombre. Los padres ya no pueden abandonar a sus niños en la selva o en el desierto para que mueran como podían hacerlo aún bajo la protección de la ley romana. Los niños tienen su importancia. En cuanto a la esclavitud, quien considera cuidadosamente que el hombre está hecho a la imagen de Dios y que Jesucristo murió por todos ya no puede tratar a otras personas como cosas. Muchos de los cambios que se han producido en la sociedad industrial para mejorar la situación de los obreros han ocurrido por la influencia decisiva de la voz profética de los cristianos. Entre los cambios más permanentes están aquellos que se han dado por razón del cambio de la persona —de una persona vieja en pecado y rebelión en contra de Dios a una nueva criatura que ama a Dios, el amor y la justicia.

En resumen, el cristiano debe amar a Dios con todo su ser y a su prójimo como a sí mismo —no solamente de palabra, sino por actitud y en su acción— es decir, en la praxis.

PREGUNTAS DE DISCUSION

1. ¿Cuáles son las contribuciones positivas de la teología de la liberación que el autor menciona? ¿Tiene razón el autor? ¿Cuáles contribuciones positivas en esta teología puede ver usted que no se mencionan en el libro?
2. ¿Cuáles son los aspectos que inquietan al autor? ¿Hay otros? ¿Está de acuerdo con las observaciones del autor? ¿Por qué sí o por qué no?
3. ¿Qué puede hacer usted como cristiano para practicar la justicia social en su pueblo sin dejar de proclamar el evangelio como la Biblia lo presenta?

CITAS

[1] Robert McAfee Brown, *Theology in a New Key: Responding to Liberation Themes* (Philadelphia: The Westminster Press, 1978), p. 86.

Bibliografía

Adams, Richard N., et al. *Social Change in Latin America Today.* New York: Vantage Books, 1960.
Alvarez, Carmelo E. *Lectura Teológica del Tiempo Latinoamericano.* Atlanta: John Knox Press, 1979.
──────. *El Protestantismo Latinoamericano.* México: Casa Unida, 1981.
Alves, Rubem, *O Enigma da Religiao.* Petrópolis: Editora Vozes, 1975.
Anderson, Gerald y Stranky, Thomas F. (eds.) *Mission Trends No. 3: Third World Theology.* New York: Paulist Press, 1976.
──────. *Mission Trends No. 4: Liberation Theology in North America and Europe.* New York: Paulist Press, 1979.
* Assmann, Hugo. *Teología desde la Praxis de la Liberación,* Salamanca: Ediciones Sígueme, 1976.
* ──────. *Opresión-Liberación: Desafío a los Cristianos.* Montevideo: Tierra Nueva, 1971.
Avila, Rafael. *Biblia y Liberación.* Bogotá: Ediciones Paulinas, 1976.
──────. *Teología, Evangelización y Liberación.* Bogotá: Ediciones Paulinas Indo-American Press, Service, 1973.
──────. *Elementos para una Evangelización Liberadora.* Salamanca: Ediciones Sígueme, 1971.
* Boff, Leonardo. *Jesucristo el Liberador.* Buenos Aires: Latinoamérica Libros, 1974.
* ──────. *La Vida Religiosa en el Proceso de Liberación: Una Experiencia Apartir de la Periferia.* Salamanca: Ediciones Sígueme, 1980.
Breneman, Mervin, (ed.) *Liberación, Exodo y Biblia.* Miami: Editorial Caribe, 1975.
Brown Robert, McAfee. *Theology in a New Key: Responding to Liberation Themes.* Philadelphia: The Westminster Press, 1978.

* Camera, Helder. *Espiral de Violencia.* Salamanca: Ediciones Sígueme, 1970.
* Cardenal, Ernesto. *Salmos,* Barcelona: Editorial Pomaire, S. A., 1976.
_____. *La Santidad de la Revolución.* Salamanca: Ediciones Sígueme, 1976.
Castro, Emilio. *Hacia una Pastoral Latinoamericana.* San José: Publicaciones INDEF, 1974.
_____. *Cristianos Latinoamericanos y Socialismo.* Bogotá: CEDIAL, 1972.
CCPL. *La Naturaleza de la Iglesia y Su Misión en Latinoamérica.* Bogotá: Iqueima, 1963.
Centro Latinoamericano de Investigación en Ciencias Sociales. *Situación Social de América Latina.* Buenos Aires: Solar Harbette, 1969.
Cone, James H. *Black Theology & Black Power.* New York: The Seaburg Press, 1969.
Conteris, Hiber, (ed). *Fe Cristiana y Marxismo.* Montevideo: ISAL, 1965.
_____. *Hombre, Ideología y Evolución en América Latina.* Montevideo: ISAL, 1965.
* Costas, Orlando E. *El Protestantismo en América Latina Hoy: Ensayos del Camino (1972-1974).* San José: Publicaciones INDEF, 1975.
_____. *The Church and Its Mission: A Shattering Critique from the Third World.* Wheaton; Ill.: Tyndale House Publishers, 1974.
_____. *Theology of the Crossroads in Contemporary Latin America.* Amsterdam: Rodopi, 1976.
Cox, Harvey. *The Secular City.* New York: Macmillan, 1975.
Croatto, Severino. *Liberación y Libertad: Pautas Hermenéuticas.* Buenos Aires: Edición Mundo Nuevo, 1973.
Dumas, André. *Ideología y Fe.* Montevideo: Tierra Nueva, 1970.
_____. *Los Dos Rostros Alienados de la Iglesia Una: Ensayo de Teología Política.* Buenos Aires: Latinoamérica Libros, 1971.
Dussel, Enrique. *Caminos de Liberación Latinoamericana* III tomos. Buenos Aires: Edición Latinoamericana Libros, 1975-74.
* _____. *Método para una Filosofía de la Liberación.* Salamanca: Ediciones Sígueme, 1974.
_____. *América Latina, Dependencia y Liberación.* Buenos Aires: Fernando García Cambeiro, 1973.
* _____. *Historia de la Iglesia en América Latina: Coloniaje y*

Liberación. Barcelona: Editorial Nova Tierra, 1972.
Freire, Paulo et al. *Teología Negra: Teología de la Liberación.* Salamanca: Ediciones Sígueme, 1974.
* ———. *Pedagogía del Oprimido.* México, D. F.: Siglo Veintiuno Editores, S. A., 1980.
———. *La Educación como Práctica de la Libertad.* México, D. F.: Siglo Veintiuno Editores, S. A., 1978.
Galilea, Segundo. *¿A los Pobres Se les Anuncia el Evangelio?* Quito: Departamento de Pastoral CELAM, colección IPLA, No. 11, n.f.
———. *Información y Pastoral sobre América Latina.* Bogotá: Secretariado General de CLAR, 1974.
Gheerbrant, Alain. *The Rebel Church in Latin America.* Middlesex, Inglaterra: Penquin Books, Inc., 1974.
* Gutiérrez, Gustavo. *Teología de la Liberación: Perspectivas.* Salamanca: Ediciones Sígueme, 1980.
———. *Teología desde el Reverso de la Historia.* Lima: CEP, 1977.
Guevara, Ernesto Che. *La Revolución Latinoamericana.* Córdoba: Editorial Encuadre, 1973.
———. *Obra Revolucionaria.* México: Ediciones Era, 1967.
* Ham Reyes, Adolfo, et al. *Cristo Vivo en Cuba: Reflexiones Teológicas Cubanas.* San José: Departamento Ecuménico de Investigación, 1978.
Hanks, Tomás. *Opresión, Pobreza y Liberación: Reflexiones Bíblicas.* Miami: Editorial Caribe, 1982.
———. *Salmos de Liberación y Reconstrucción.* San José, Costa Rica: Editorial SEBILA, 1983.
* Kirk, Andrew J. *Liberation Theology: An Evangelical View from the Third World.* Atlanta; Ga.: John Knox Press, 1979.
———. *Hombre Marxista y Hombre Cristiano.* Barcelona: EEE. 1977.
Lalive, D'Espinay, Christian. *Religión e Ideología en una Perspectiva Sociológica.* Río Piedras: Ediciones del Seminario Evangélico, 1973.
* Míguez, Bonino, José. *La Fe en Busca de Eficacia.* Salamanca: Ediciones Sígueme, 1977.
———. *Jesús: Ni Vencido ni Monarca Celestial.* Buenos Aires: Tierra Nueva, 1977.
———. *Espacio para Ser Hombres.* Buenos Aires: Tierra Nueva, 1975.
* ———. *Ama y Haz lo que Quieras. Una Etica para el Hombre Nuevo.* Buenos Aires: La Aurora, 1972.
———. *Polémica, Diálogo y Misión: Catolicismo Romano y*

Protestantismo en la América Latina. Montevideo: Centro de Estudios Cristianos.

_____. *Protestantismo y Liberalismo en América Latina*. San José, Costa Rica: Ediciones SEBILA, 1983.

* Miranda, José P. *Marx y la Biblia*. Salamanca: Ediciones Sígueme, 1975.

* _____. *El Ser y el Mesías*. Salamanca: Ediciones Sígueme, 1973.

Padilla, C., René, Ed. *El Reino de Dios y América Latina*. El Paso: Casa Bautista de Publicaciones, 1975.

_____. *Fe Cristiana y Latinoamérica Hoy*. Buenos Aires: Ediciones Certeza, 1974.

Piediscalzi, Nicholas, et al. *From Hope to Liberation: Towards a New Marxist-Christian Dialogue* Philadelphia: Fortress Press, 1974.

Proano, Leonidas E. *Concientización, Evangelización, Política*. Salamanca: Ediciones Sígueme, 1974.

Richard, Pablo y Diego Irarrázaval. *Religión y Política en América Central*. San José, Costa Rica: Departamento Ecuménico de Investigación, 1981.

Rutschman, LaVerne. *Anabautismo Radical y Teología Latinoamericana de la Liberación*. San José. Editorial SEBILA, 1982.

Santa Ana, Julio de. *El Desafío de los Pobres a la Iglesia*. San Pedro, Costa Rica: EDUCA, 1977.

* Scannone, Juan Carlos. *Teología de la Liberación y Praxis Popular*. Salamanca: Ediciones Sígueme, 1976.

Segundo, Juan Luis. *Masas y Minorías*. Buenos Aires: La Aurora, 1973.

* _____. *Liberación de la Teología*. Buenos Aires: Ediciones Carlos Lohlé, 1975.

_____ *Acción Pastoral: Sus Motivos Ocultos*. Buenos Aires: Ediciones Búsqueda, 1972.

_____. *Teología Abierta para el Laico Adulto*, V tomos. Buenos Aires: Ediciones Carlos Lohlé, 1972-67.

_____. *De la Sociedad a la Iglesia*. Buenos Aires: Ediciones Carlos Lohlé, 1970.

_____. *Iglesia Latinoamericana, ¿Protesta o Profecía?* Buenos Aires: Ediciones Búsqueda, 1969.

* Sobrino, Jon. *Cristología desde América Latina*. México: CRT, 1976.

Stone, Samuel. *La Dinastía de los Conquistadores*. San José, Costa Rica: Editorial EDUCA, 1982.

Tamez, Elsa. *La Biblia de los Oprimidos: La Opresión en la Teología Bíblica*. San José, Costa Rica: Departamento Ecuménico de

Investigación, 1979.
Wagner, C., Peter. *Latin American Theology: Radical or Evangelical* Grand Rapids, Michigan: William B. Eerdmans Publishing Company, 1967.
Zorrilla C., Hugo. *La Fiesta de Liberación de los Oprimidos*. San José, Costa Rica: Ediciones SEBILA, 1981.

* Las obras que aparecen señaladas con un asterisco son las que el autor encontró de mayor utilidad.